DIÁRIO DO GUETO

Coleção ELOS
Dirigida por J. Guinsburg

Equipe de Realização – Tradução: Jorge Rochtlitz • Revisão de texto: Noemi Moritz Kon e Marise Levy • Revisão de prova: Juliana P. Sergio • Logotipo da coleção: A. Lizárraga • Projeto gráfico: Adriana Garcia • Produção: Ricardo W. Neves, Sergio Kon e Lia N. Marques.

JANUSZ KORCZAK

DIÁRIO DO GUETO

PERSPECTIVA

Título do original francês
Journal du Gheto

CIP-Brasil. Catalogação na Fonte
Sindicato Nacional dos Editores de Livros, RJ

K86d

Korczak, Janusz, 1878-1942
Diário do gueto / Janusz korczak ; tradução Jorge Rochtlitz. - 1. ed. - São Paulo : Perspectiva, 2017;
18 cm. (Elos ; 44)

Tradução de: Journal du gheto
ISBN 9788527305186

1. Korczak, Janusz, 1878-1942. 2. Educadores - Varsóvia (Polônia) - Biografia. 3. Holocausto judeu (1939-1945). 4. Nazismo. I. Rochtlitz, Jorge. II. Título. III. Série.

17-45820   CDD: 940.53438
                        CDU: 94(100)"1939/1945"

01/11/2017   06/11/2017

1ª reimpressão revista da 1ª edição de 1986

[PPD]

Direitos reservados em língua portuguesa à

EDITORA PERSPECTIVA LTDA.

Av. Brigadeiro Luís Antônio, 3025
01401-000 São Paulo SP Brasil
Telefax: (11) 3885-8388
www.editoraperspectiva.com.br

2018

PRIMEIRA PARTE

Os diários íntimos são uma literatura sinistra e acabrunhante. Eis aí um artista, um cientista, um político ou um militar que entra na vida transbordando de projetos ambiciosos, que se empenha numa série de manobras poderosas, provocantes, hábeis, faz prova de uma capacidade de ação surpreendente. A ascensão continua: ele vence os obstáculos, alarga as suas zonas de influência e, sempre mais rico em experiências e amigos, vai de etapa em etapa, com uma facilidade e eficácia sempre maiores, em direção da meta que ele se fixou no ponto de partida. Isto pode durar dez, vinte ou trinta anos. Depois...

Depois vem o cansaço, cai o entusiasmo e, se ainda prossegue no caminho por obstinação, o faz a passos mais lentos, escolhendo vias mais fáceis, com uma consciência dolorosa de que isto não é mais a mesma coisa, que não se faz mais o suficiente, que é duro estar só e que não resta mais nada a ganhar a não ser mais cabelos brancos e mais rugas nesta fronte outrora tão lisa e temerária; que o olho enfraquece, o sangue torna-se preguiçoso e que as suas pernas o carregam com um esforço visível.

O que fazer? É a velhice.

Alguém resiste, retarda o prazo, trabalha como que pelo passado, às vezes até mais, forçando seu ritmo por medo de não chegar em tempo. Para se defender melhor, se alimenta de ilusões ou, revoltado, se agita numa fúria impotente. Um outro, triste e resignado, renuncia pouco a pouco e começa encarar a aposentadoria.

"Não posso mais. – Não tenho vontade nem de tentar. – Não vale mais a pena. – Não entendo mais nada. – Ah, se me devolvessem a urna contendo as cinzas dos anos passados, a energia desperdiçada em cometer erros, o antigo ardor tão pródigo em forças..."

Outras pessoas, outras necessidades, uma nova geração. Ele se irrita com isto e por sua vez sente que irrita os outros. Nascem os mal-entendidos, depois a incompreensão mútua se instala definitivamente. Ah, estes gestos, estes passos, estes olhos, estes dentes brancos, estas frontes lisas... mesmo se as suas bocas silenciam.

Tudo e todos em sua volta, a terra e você mesmo e as estrelas dizem:

"Chega... É o momento de desaparecer sob o horizonte ... É a nossa vez... Para você, já acabou... Você acha que nós, com nossas maneiras... Se você não se contradiz, você sabe sem dúvida melhor, você tem a experiência... mas deixe-nos tentar por nós mesmos".

Assim é a lei da vida.

Assim é o homem, assim são os animais, as árvores sem dúvida e mesmo, quem sabe, as pedras, talvez.

Soou a hora: as decisões, o poder são deles.

Hoje é o tempo da sua velhice, amanhã será o da sua decrepitude.

Cada vez mais rápidos, os ponteiros avançam no mostrador dos relógios.

E a esfinge de olho de pedra faz sua pergunta eterna:

"De manhã sobre quatro patas, ao meio-dia sobre duas e de noite sobre três: o que é que anda assim?"

É você, apoiado numa bengala, contemplando os frios raios de sol poente...

Tentarei falar de modo diferente da minha própria vida. Talvez seja uma ideia feliz, será que conseguirei? Será que é assim que é preciso fazer?

Para cavar um poço, você nunca começa pelo fundo; você remove primeiro as camadas superiores, tira a terra, pazada por pazada, sem saber o que você vai encontrar embaixo, que obstáculos imprevistos, que raízes entrecruzadas, quantas pedras e objetos difíceis de remover, aí enterrados outrora por você e por outros e depois esquecidos.

A decisão foi tomada. Pode-se começar, não são as forças que faltam. Aliás, um trabalho é acabado alguma vez? Vamos, cuspa na mão e pegue na pá. Coragem!

Um, dois, um dois...

— Que Deus lhe ajude, vovô! O que está fazendo aí?

— Você está vendo por você mesmo. Procuro fontes subterrâneas, libero ondas puras e frescas e revolvo lembranças.

— Você precisa de ajuda?

— Não, filho. Este tipo de trabalho cada um deve fazê-lo por si mesmo. Não se fale de ajuda, nem de substituição. Seria outra coisa, concordo, trabalhar juntos, na condição, todavia, de ter confiança em mim e não me menosprezar demais. Mas para esta última tarefa preciso ficar só.

— Deus o abençoe, boa sorte!

— Vamos...

Tenho a intenção de responder a este livro mentiroso, escrito pelo falso profeta. Este livro fez tanto mal.

Assim falou Zaratustra.

Eu também tive a honra de falar com Zaratustra. Suas sábias iniciações estão cheias de sabedoria, mas tão duras, tão impiedosas. A ti, pobre filósofo, ela te levou atrás dos muros sombrios das grades estreitas de um asilo psiquiátrico[1]. Está escrito, preto no branco:

"Nietzsche morreu brigado com a vida: morreu louco".

Gostaria de provar em meu livro que ele morreu de uma dolorosa desunião com a verdade.

Este mesmo Zaratustra me ensinou outra coisa. Talvez eu tenha o ouvido mais apurado, talvez pude ouvi-lo mais atentamente?

Contudo, estamos de acordo sobre um ponto: nossos caminhos, o meu e o do mestre, foram igualmente difíceis. Mais malogros que sucessos, muitas incertezas. Portanto seriam tempo e esforços perdidos? Não, perdidos só aparentemente.

Pois a esta hora do balanço supremo, não é na solidão de uma cela do hospital mais triste do mundo que eu estou... mas entre borboletas, cigarras, pirilampos, escutando o concerto dos grilos e da pequena solista, a cotovia que canta no céu azul.

Eu agradeço, Bom Deus, por estes prados e por este pôr-do-sol multicolores, por este vento da noite que vem nos refrescar no fim de um dia de trabalho duro e extenuante.

Obrigado por tua sábia imaginação que soube dar às flores o seu perfume, dar aos insetos a capacidade de brilhar sobre a terra e ao céu as centelhas das estrelas.

Quanto é alegre a velhice.

Como é doce o silêncio.

Como é agradável o repouso.

1. A loucura de Nietzsche deu lugar à toda sorte de interpretações fantasiosas. Nietzsche morreu de paralisia geral. Depois de 1889, ano da sua primeira crise de demência, permaneceu apenas por um curto período em uma clínica psiquiátrica, depois foi cuidado por sua mãe e, após a morte dela, por sua irmã. Morreu em 1900. (N. do T.)

"Iahvé, nosso Senhor, que o teu nome seja magnífico por toda a Terra"[2].

Agora cabe a mim começar.

Um, dois…

Dois anciões se refestelam ao sol:

— Diga-me, velha toupeira, como é que você ainda vive?

— Que você quer, sempre tive vida ajuizada, sem choques, sem reviravoltas; não fumo, não bebo, não jogo cartas, não cortejo as mulheres. Nunca tenho muita fome, não me canso demais. Não me apresso, não corro riscos inúteis. Sempre em tempo, moderado em tudo, não atormentei o meu coração, nem sobrecarreguei os meus pulmões, nem cansei muito a cabeça. Moderação, tranquilidade, sabedoria. Eis por que ainda vivo.

— E você?

— Comigo é um pouco diferente. Estou sempre lá onde se arrisca uma briga; ainda garoto tive direito à minha primeira revolução, aos meus primeiros tiros. Havia noites sem sono, apenas aquilo que se necessita de uma cabana para aquietar um jovenzinho. Depois era a guerra. Uma guerra assim assim. Precisei ir longe para achá-la, além do Ural e do lago Baikal, passando pelas terras dos tártaros, quirguizes, buriatos, até a China. Acabei numa aldeia da Manchúria: Talaï-dchu[3]. Depois, a revolução de novo. Em seguida, algum tempo de paz relativa. Vodka, isto sim, eu bebi e joguei também… Joguei a minha cabeça e não ninharias. Somente para mulheres é que não achei tempo… Diacho! Se ao menos as bestinhas não fossem tão

---

2. Primeiro versículo do salmo VIII; Korczak relata aqui as palavras de um hino polonês do século XVIII: uma grande semelhança entre esses dois textos permitiu evitar uma tradução literal, incômoda, visto que se trata de um poema.
3. Em 1904, no momento da guerra entre a Rússia e o Japão, Korczak foi mandado como tenente-médico a um trem que fazia as viagens entre o lago Baikal e a China. (N. do T.)

vorazes, tão loucas pelas noites, sem falar deste feio hábito que elas têm de fazer crianças... Uma vez aconteceu isto comigo. Ficou uma repugnância para o resto da minha vida. Ameaças, lágrimas, mais que a conta. Fumei também mais que o razoável: dia e noite, no fogo da discussão, um cigarro após outro... uma verdadeira chaminé. Não tenho um só lugar do corpo intacto: dores, hérnias, cicatrizes. Eu me quebro todo, me encarquilho, as costuras rompem, mas eu vivo. E precisa ver como! Aqueles que se metem no meu caminho sabem muito bem. Os meus pontapés ainda têm efeito. Acontece ainda hoje que, vendo-me, todo um bando foge. Mas tenho também aliados, amigos.

— É como eu. E não falo dos meus filhos e dos meus netos. E você?

— Eu tenho duzentos[4].

— Boa-vida!

Estamos no ano de 1942. Um mês de maio. Um mês de maio bem fresco este ano. E esta noite é a mais silenciosa das noites. Cinco horas da manhã. As crianças dormem. São realmente duzentas. Na ala direita, dona Stefa[5]; eu, à esquerda, no quarto pequeno.

Minha cama está no centro do quarto. Sob a cama uma garrafa de vodka. Sobre a mesinha pão e um jarro com água.

O bravo Felek[6] apontou os lápis, cada um nos dois lados. Poderia escrever com caneta-tinteiro. Hadaska me deu uma, outra foi me oferecida pelo pai de um molecote.

Este lápis deixou uma pequena marca no dedo. Cheguei à conclusão que é possível escrever de outra maneira, que poderia ser bem mais fácil, mais confortável com caneta-tinteiro.

4. Havia, de fato, duzentas crianças no Orfanato.
5. Stefanya Wilczynska (1886-1942), a mais próxima colaboradora de Korczak; ela o auxiliou com devoção e energia na direção do Orfanato e pereceu com ele e com as crianças em Treblinka em 1942.
6. Feliks Grzyb, pupilo, mais tarde membro do pessoal do Orfanato. (N. do T.)

Papai tinha razão quando me chamou de boboca ou de simplório ou mesmo nos momentos particularmente tempestuosos, de imbecil ou de burro. A vovó era a única a acreditar na minha boa estrela. Senão era sempre: "preguiçoso", "chorão" (já o disse), "idiota", "imprestável"

Mas teremos tempo de falar disto ainda.

Eles tinham razão, os dois. Vovó e papai. Cada um pela metade.

Voltaremos a falar disto.

Preguiçoso... isto confere. Não gosto de escrever. Pensar, sim. Isto não me causa nenhuma dificuldade. É como se contasse histórias a mim mesmo.

Li em algum lugar:

"Há gente que não pensa assim, como outros dizem: 'Eu não fumo'."

Eu penso.

Um dois, um dois. A cada pazada, arrancada desajeitadamente do meu poço, corresponde obrigatoriamente um momento de distração. Dez minutos de contemplação. E isto não que eu seja fraco porque envelheci.

Era sempre assim.

Vovó dizia quando me dava uvas passas:

– Meu filósofo.

Parece que a esta altura já a iniciei, numa conversa a dois, no meu audacioso projeto, visando a transformação do mundo. Era preciso jogar fora todo dinheiro. Nem mais, nem menos. Como e onde jogar, o que fazer dele em seguida, eu não devia, sem dúvida, saber. Tinha então só cinco anos e o problema era de uma gravidade incômoda: o que fazer para que não hajam mais crianças sujas, esfarrapadas, esfomeadas, com quem não se tinha o direito de brincar no pátio onde sob uma castanheira, em uma ex-caixa de bombom de ferro, repousava o primeiro morto dentre os meus próximos, e bem-amado amigo: o canário. Sua morte me revelou a existência do misterioso problema da confissão.

Eu quis colocar uma cruz no túmulo. A empregada disse que não, porque era um pássaro, portanto bem inferior ao homem. Chorá-lo já era um pecado.

Eis aí a empregada. Mas o que o filho do zelador disse era bem pior: o canário era judeu.

E eu também.

Eu era judeu e ele polonês e católico. Ele estará um dia no paraíso; quanto a mim, com a condição de nunca pronunciar palavras feias e levar-lhe documento açúcar furtado em casa, poderei entrar após minha morte em alguma coisa que não é propriamente o inferno, mas onde, de toda forma é muito escuro. E eu tive medo do escuro.

A morte – judeu – o inferno. O escuro paraíso judeu. Dava o que pensar.

Estou na cama. A cama está no meio do quarto. Meus sublocatários: Moniek o Jovem (dos Moniek temos quatro), Albert, George. Noutro lado, perto da parede, Fela, Génia e Annette.

A porta conduzindo ao quarto dos rapazes fica aberta. São sessenta. Mais para o este, sessenta meninas dormem o mais calmo dos sonos.

Os outros estão no andar acima. Estamos em maio e, embora faça frio, os rapazes maiores podem ainda dormir na sala de cima.

A noite. Possuo já anotações sobre a noite e o sono das crianças. Trinta e quatro cadernos de anotações. Eis por que tanto hesitei antes de começar um diário íntimo.

Tenho a intenção de escrever:

1. Um grosso volume sobre a noite num orfanato e num sentido mais geral, sobre o sono das crianças.

2. Um romance em dois volumes. A história se passa na Palestina. A noite de núpcias de um casal de pioneiros ao pé do monte Gilboa; no próprio lugar onde fora a fonte; fala-se desta montanha e desta fonte no livro de Moisés.

(Vai ser bem profundo o meu poço, me parece; com a condição, certamente, de que disponha de tempo suficiente.)

3, 4, 5, 6. Há alguns anos escrevi uma narrativa sobre Pasteur. Eis a série de biografias que planejo: Pestalozzi[7], Vinci, Kropotkin[8], Pilsudski[9], Multatuli[10], Ruskin[11], Gregor Mendel[12], Nalkowski[13], Dygasinski[14], Dawid[15].

Você não sabe quem era Nalkowski?

O mundo ignora os nomes de muitos grandes poloneses.

7. Eu escrevi, já há certo tempo, um romance sobre o rei Matias.

Agora é a vez de um outro rei-criança: o rei David II.

7. Johann Heinrich Pestalozzi (1746-1827): pedagogo suíço, discípulo de J.-J. Rousseau
8. Piotr Alekseievitch Kropotkin (1842-1921): príncipe russo, anarquista e escritor revolucionário.
9. Josef Pilsudski (1867-1935): marechal e libertador da Polônia, chefe do Estado polonês de 1926 a 1935.
10. Edward Douwes Dekker, dito Multatuli (1820-1887): escritor holandês, lutou contra os abusos do colonialismo.
11. John Ruskin (1819-1900): crítico de arte e escritor inglês, conhecido por ter aliado a estética à moral.
12. Johann (na religião Gregor) Mendel (1822-1884): frade e botânico austríaco, primeiro a descobrir as leis da transmissão hereditária.
13. Waclaw Nalkowski (1851-1911): geógrafo, pedagogo e escritor político, conhecido por suas ideias progressistas.
14. Adolf Dygasinski (1839-1902): escritor polonês.
15. Jan Wladislaw Dawid (1859-1914): pedagogo e psicólogo polonês, autor de numerosas obras sobre a psicologia experimental. (N. do T.)

8. Como não explorar os fichários contendo cerca de quinhentos gráficos de pesos e medidas dos nossos pensionistas? Não descrever este belo, consciencioso e alegre trabalho que é o crescimento do homem? Seria desperdício. Daqui a uns cinco mil anos, em algum lugar num futuro longínquo, será o socialismo; no momento ainda é a anarquia. Uma guerra entre poetas e músicos, a guerra de quem fará a mais bela oração: o hino à glória de Deus, oferecido ao mundo uma vez por ano.

Esqueci de acrescentar que à esta hora estamos igualmente em guerra.

9. Autobiografia.

Eh, sim! Um livro sobre si mesmo, sobre esta querida, pequena, mas importante pessoa.

Um dia algum maldoso escreveu que o mundo era uma gota de lama suspensa no infinito; e que o homem era um animal que fez carreira.

Por que não? – pode-se dizer assim. Todavia conviria acrescentar: esta gota de alma conhece o sofrimento, sabe amar e chorar e está cheia de nostalgia.

Quanto à carreira do homem, pensando bem, parece muito duvidosa, duvidosa mesmo.

Seis horas e meia.

Alguém grita no dormitório:

– De pé rapazes, ao banho!

Deponho a pena. Precisa-se levantar ou não? Há tempo que não tomo banho. Ontem achei sobre mim e assassinei sem escrúpulos, com um golpe de unhas hábil, um piolho.

Se tiver tempo, escreverei uma apologia do piolho. Pois a nossa atitude para com este belo inseto é bem indigna e profundamente injusta.

Num momento de exasperação, um camponês russo declarou um dia: "O piolho não é como o homem: ele não bebe todo o nosso sangue".

Compus um pequeno canto sobre os pardais que alimentei durante uns vinte anos. O meu objetivo era reabilitar estes pequenos ladrões. Mas quem queria debruçar-se sobre a miséria de um piolho?

Quem, senão eu?

Quem teria a coragem de tomar a sua defesa?

Por ter tentado cinicamente lançar sobre a sociedade o dever de assegurar a proteção dos órfãos, por ter impudicamente lançado insultos, imprecações e ameaças em vossa raiva de ver esta tentativa frustrada, a senhora terá cinco dias para recolher a importância de 500 *zlotys* em benefício da "Ajuda ao órfão".

Considerando o nível pouco elevado do meio, isto é, a casa em que vive, decidimos que esta multa seja módica. Prevejo as falsas justificativas, visando provar que não conhecia a pessoa que veio para interrogar-me quando vossa filha menor, enviada para assegurar a minha escolta, viu a minha carteira de identidade no momento em que a apresentei ao policial, ela gritou, à guisa de adeus: "Safado!" Não pedi a detenção da adolescente por consideração à sua idade e ao fato de que ela não trazia braçadeira.

Para terminar, acrescentarei que este incidente, ocorrido entre mim e os proprietários do covil situado na elegante casa da rua Walicow nº 14, já tinha um precedente: no momento do cerco de Varsóvia foi-me recusada friamente a ajuda para transportar na cocheira um soldado com o peito aberto e que acabou morrendo como um cão no esgoto.

Os proprietários do local de onde fui posto na rua com os gritos: "Fora daqui, velho patife!" não eram nem mais nem menos que os "amigos" de Stefania Sempolowska[16].

Faço questão de me explicar melhor sobre este assunto, sendo que o seu interesse ultrapassa o de um caso particular.

---

16. Stefania Sempolowska (1869-1944): intelectual progressista, pedagoga, autora de brochuras de ressonância social. (N. do T.)

Sempolowska defendeu fanaticamente os judeus contra as calúnias, mas também contra as justas censuras com que os nossos inimigos nos cobriram, gente tão fantástica quanto ela.

Os três judeus da rua Walicow representaram este tipo de indivíduos que – por meio de bajulação ou por vezes, por batismo – intrometeram-se sorrateiramente na sociedade polonesa, forçando as portas das casas a fim de bancar os judeus de serviço.

Tentei explicar repetidas vezes, mas sempre em vão, à sra. Sempolowska que não podia, nem devia, haver entendimento, nem mesmo o menor contato entre a canalha judia e a elite espiritual e moral polonesa.

Ao longo de trinta anos de amizade, esta foi a principal razão das nossas numerosas desavenças e do nosso afastamento recíproco.

Wojciechowski[17] e Pilsudki, Norwid[18] e Mickiewicz[19], Kosciuszko[20] e Zajaczek[21] e quem sabe, talvez mesmo Lukasiewicz[22], para não falar de Creonte e de Antígone – não eram todos opostos uns aos outros pelo próprio fato do seu parentesco?

17. Stanislaw Wojciechowski (1869-1953): segundo presidente da Polônia independente; ele se demitiu quando Pilsudski chegou ao poder em 1926.
18. Cyprian Kamil Norwid (1821-1883): poeta, dramaturgo, pintor e escultor polonês; muito intelectual e durante longo tempo não reconhecido, a sua obra hoje é considerada como um dos pontos mais altos da literatura polonesa.
19. Adam Mickiewicz (1798-1855): o mais célebre entre os poetas românticos poloneses; grande patriota, escreveu em Paris, em 1834, a sua epopeia *Pan Tadeusz*, onde ressuscita a Polônia da sua juventude.
20. Tadeusz Kosciuszko (1746-1817): oficial e patriota polonês que comandou a insurreição de 1794 contra os russos; herói, também, da guerra da Independência americana.
21. Josef Zajaczek (1752-1826): general e patriota polonês, comandante em chefe da Legião do Norte do exército de Napoleão.
22. Jan Lukasiewicz (1878-1956): lógico polonês.

Lembremo-nos de Nalkowski e de Straszewicz[23] que passaram outrora por inimigos: não teriam, no fundo, atração um pelo outro?

Sempre senti ódio e desgosto pelos judeus mercadores de ideias e de lugares-comuns. Admirei a dignidade dos judeus que fugiram para se esconder ao invés de expor seus amigos de além-trincheiras.

Como deixar de evocar o querido "Wojtek", o nacional-democrata militante que, tomando o seu café, perguntou quase à beira do desespero:

— Diga o que fazer? Os judeus estão cavando o nosso túmulo.

E Godolewski responde:

— Somos fracos, por um copo de vodka nós nos venderíamos aos judeus como escravos.

Como esquecer estas palavras de Moszczynska[24]:

— Vossas qualidades constituem a nossa sentença de morte.

A esquina das ruas Zelazna e Chlodna. Uma casa de frios. Caída numa cadeira, uma judia toda gordura experimenta um par de calçados. A seus pés, ajoelhado, o sapateiro. Um rosto de grande mística. Cabelos grisalhos, olhos cheios de sabedoria e de bondade, voz profunda e séria, as suas feições denotam resignação sem limite:

— Pois eu preveni a senhora que estes sapatos...

— E eu previno o senhor que vá guardá-lo para a sua mulher. Se o senhor se diz sapateiro, é assunto seu. O que parecem os meus pés?

E balança o seu pé embaixo do nariz dele, quase o tocando:

— O senhor é cego? Não está vendo que tem dobras?

---

23. Ludwik Straszewicz (1857-1913): escritor político, fundador do jornal conservador *Kurier Polski*.
24. Iza Moszczynska-Rzepecka (1864-1941): jornalista liberal depois colaboradora de jornais conservadores de Varsóvia. (N. do T.)

Uma das cenas mais hediondas que já presenciei. Infelizmente, havia outras.

— Os nossos não são melhores.

— Eu sei.

— Então, o que fazer?

Você pode ter um rádio se tiver com o que comprá-lo. Um carro também. E uma entrada para estreia. E viagens, livros e quadros.

Contarei talvez uma lembrança. Era um grupo de turistas poloneses encontrados em Atenas. Não acharam nada melhor a fazer do que se fotografar com o Partenon como fundo. Excitação, tagarelice, comportamento relaxado... Eh sim, cada cachorrinho corre atrás do seu rabo para pegar a ponta.

Por que escrevo tudo isto?

É sabido. Satanás existe. Sem dúvida. Mas mesmo entre eles há nuanças na maldade.

Os dois pequenos, Janusz e Irka, fizeram um pequeno jardim de areia com uma casa, flores e uma paliçada. Carregaram água em uma caixa de fósforos. Cada um por sua vez. Depois de combinarem juntos, construíram uma outra casa pequena. Pensaram mais e enriqueceram a casa sucessivamente com chaminé, um poço e uma casinha de cachorro.

Foram interrompidos pela chamada para o almoço. Antes de ir para a sala de jantar, voltaram duas vezes para arrumar isto e aquilo e admirar um pouco a sua obra.

Mas lá estava Musiek que os observava de longe. Chegou ao jardim, deu um pontapé, pisoteou tudo cuidadosamente e acabou destruindo o resto com uma vara, empregando todo o tempo necessário.

Quando voltaram do almoço, Irka compreendeu logo.

— Eu sei, foi Musiek.

Nascido em Paris, voltou à pátria e durante três anos envenenou a vida dos trinta e seis órfãos da escola maternal.

Escrevi a seu respeito na *Pedagogika Specjalna*, dizendo que era necessário instaurar colônias disciplinares e mencionei até a pena capital. Uma criança tão nova, pense um pouco! Ela vai ser punida por uns bons cinquenta anos!

A nossa querida senhora Maria[25] teve um sorriso forçado:
— Você quis brincar?
— De modo algum. Você refletiu a respeito de todo o mal de que ele será culpado perante aos homens, a respeito de todas estas lágrimas de todo este sofrimento?
— Você não acredita então numa melhora possível?
— Não sou um Adler[26], respondi secamente.

Mas não é possível ficar de mal muito tempo com a sra. Grzegorzewska. Chegamos a um compromisso: eu renunciei à pena de morte e se conservou o reformatório.

Dizer que gente honesta, de qualidade, seja condenada definitivamente ao calvário!

Por que escrevo tudo isto?

É noite sempre, bem entendido. Meia-noite e meia.

O dia foi penoso.

Uma conferência com dois cavalheiros, personagens poderosos da assistência social. Depois duas entrevistas, sendo que uma acabou no escândalo já mencionado. E, para acabar, a reunião do conselho de administração.

---

25. Maria Grzegorzewska (1888-1967), redatora da revista *Pedagogika Specjalna* e do Instituto Nacional de Formação de Professores, onde Korczak dava aulas. (N. do T.)
26. Alfred Adler (1870-1937): médico e psicanalista austríaco, aluno e colaborador de Freud, de quem se separou para fundar a sua própria escola de psicologia individual.

Amanhã: rua Dzielna, 39[27].

Disse-lhe:

— Está vendo, professor, se cada dia se progride um milímetro, é um incentivo para um esforço maior. Se se retrocede cada dia, a catástrofe chega e permite um desvio da situação. Mas nós só fazemos coisas do momento.

Agora preste atenção. O que vou dizer poderá servir-lhe um dia:

Existem quatro maneiras de neutralizar os visitantes inoportunos:

1. Comprá-los; fazer deles cúmplices e depois lográ-los.

2. Aceitar tudo; depois, aproveitando-se de uma desatenção, fazer o que se tem vontade de fazer. Eles são todo um bando, enquanto eu estou só. Eu penso neles três horas por dia, e olhe lá!, mas eles sonham dia e noite com os meios de me pegar. Explicar-me-ei quando falar do funcionamento do pensamento no meio do sono. São, aliás, coisas bem conhecidas.

3. Esperar, deixar fazer, encolhido em seu canto, depois, no momento oportuno, comprometer a pessoa em questão.

— Está vendo foi ele que o ordenou.

Pode-se também mentir. (Por exemplo: queriam confiar-me a caixa.)

---

[27]. Rua Dzielna, 39. A casa para onde foi transferido o orfanato municipal da rua Plocka, administrada pela comunidade judia. Dela se fez uma espécie de posto de socorro para onde se encaminhou as crianças recolhidas nas ruas do gueto. As condições de vida aí eram atrozes e o pessoal completamente depravado. Korczak decidiu reformar esta casa "pré-funerária", como dizia, tarefa que se revelou rapidamente sobre-humana. (N. do T.)

4. Tê-los na mão até esgotá-los. O sujeito irá embora ou deixará de olhar. E é só.

O meu tinteiro está seco.

Evocando o passado, todos estes anos e todos estes eventos revolvidos, sinto-me velho. Então, como desejo ficar jovem, faço projetos para o futuro.

Que farei depois da guerra?

Talvez chamar-me-ão para ajudar a construir uma nova ordem no mundo ou na Polônia? A coisa é pouco provável e, aliás, não gostaria disto. Ser obrigado a tornar-se um funcionário, em outras palavras: suportar a escravidão de um horário de trabalho rígido e de encontros impostos, um escritório em algum lugar com uma poltrona e telefone? Perder o meu tempo em resolver pequenos casos correntes e combatendo gente pequena com as suas pequenas ambições, proteções, hierarquizações, metas?

Em outras palavras, andar em círculo como um cavalo de circo.

Gosto de ter as mãos livres para agir.

Durante o tifo tive uma visão.

Uma imensa sala de teatro ou de concerto. Uma multidão em trajes domingueiros.

Faço um discurso sobre a guerra, a fome, os órfãos, a miséria.

Falo em polonês. Um intérprete traduz minhas palavras para o inglês. (A coisa se passa na América.) De repente a minha voz se quebra. Silêncio. Depois, em algum lugar, do fundo da sala, um grito. Régine[28] corre em minha direção. Ela para em frente ao estrado, joga o seu relógio sobre o tablado, exclamando: "Eu lhe dou tudo que tenho!" Chuva abundante de notas, de ouro e de joias. Jogou-me anéis, pulseiras, colares.

---

28. Uma das ex-pupilas do Orfanato; com fortes dons musicais, ela partiu para estudar em Viena e depois emigrou para os Estados Unidos.

Os rapazes do orfanato aparecem na cena: os irmãos Gelblat, Falka, Majer, Kulawski, Gluzman, Szejwacz; eles enfiam tudo em colchões. Comovido, o auditório grita, aplaude, chora.

Não tenho muita confiança em profecias, contudo espero já há vinte anos que esta visão se torne realidade.

Régine. Contarei a sua história quando falar dos estranhos destinos dos pupilos da casa branca da rua Krochmalna na cinzenta cidade de Varsóvia.

Portanto, uma vez de posse destes meios ilimitados, abro um concurso para a construção de um grande orfanato nas montanhas do Líbano, na proximidade de Kfar Geladi.

Existirão aí salas de jantar e dormitórios imensos, como nos quartéis. E também "casinhas de eremita". Reservo para o meu uso pessoal um quartinho com paredes transparentes, situado na superfície plana do teto, a fim de não perder um só nascer, nem um pôr-do-sol e também para poder escrever à noite, levantando os olhos de vez em quando, em direção das estrelas.

A jovem Palestina procura pôr-se de acordo com a terra, consciente e laboriosamente. Mas virá o dia quando deverá se entender com o céu. De outro modo, isto seria um mal-entendido, um erro.

Por que não o Birbidjan, a Uganda, a Califórnia, Etiópia, Tibet, Madagascar, a índia, o Sul da Rússia ou a Podláquia? Até a benevolente Inglaterra, sempre tão abalizada para conduzir os negócios do mundo, ignora onde reagrupar este punhado de judeus, aliás bem pouco numerosos.

Cada ano eu volto a minha cidade natal para ali passar algumas semanas, conversando com os amigos sobre coisas graves e eternas...

Este sonho nunca é monótono, cada vez há algo novo.

É a construção de casas para eremitas que me dá a maior preocupação. Aqueles que mereceram a solidão e a escolheram como meio para atingir a felicidade, que sabem lê-la e que são encarregados de traduzi-la em uma língua que os outros saberão compreender – *urbi et orbi* – deveriam ter, deveriam ter... O que deveriam ter? Eis a questão.

Como de costume, Moszek esqueceu ainda de acrescentar o acetileno. A lâmpada se apaga.

Eu paro.

Cinco horas da manhã

O bravo Albert[29] pensou em desimpedir as janelas.

É que os vidros são cobertos de noite com cortinas de papel preto para que a iluminação não incomode as autoridades militares na comunicação por sinais luminosos – com o pretexto de não facilitar a tarefa dos aviões inimigos. Como se eles não dispusessem de dezenas de outros meios e sistemas de orientação. Mas a brava gente acredita nisto assim mesmo.

É claro de novo.

As pessoas são ingênuas e bravas. E muito infelizes, sem dúvida. Não sabem muito bem em que consiste a felicidade. Cada um a interpreta à sua maneira.

Para um seria um bom prato de salsichas com repolho; para outro a paz e o conforto; outros ainda procurarão nos amores furtivos, na música, nos mapas e nas viagens.

Cada um se defende como pode contra o tédio e a nostalgia.

O tédio: a alma que tem fome.

A nostalgia: a sede, a necessidade de água e de céu a atravessar; necessidade de liberdade e de um homem, simultaneamente confidente, confessor e conselheiro; necessidade de um ouvido pronto para ouvir a minha queixa.

---

29. Um dos pupilos do Orfanato

A alma perde as forças na estreita gaiola do corpo. As pessoas sentem a morte, pensam nela como se fosse um fim, quando é apenas a continuação da vida, uma vida diferente.

Se você não acredita na alma de qualquer modo deve admitir que o seu corpo continuará a viver como erva e nuvem. O que é você senão água e poeira?

"O mundo é a transformação perpétua do mal", dizia Tetmajer.

Este incrédulo, pessimista, irônico e niilista falava, contudo, da eternidade.

A ameba é imortal; o homem, de acordo com Maeterlinck[30], é uma colônia de sessenta bilhões de amebas. Ele estava bem colocado para ser autoridade na matéria. Enquanto eu, ao fim de vários anos de vão esforço, nunca sei quanto isto faz multiplicado por dois bilhões.

O meu colega, o Professor Paszkiewicz[31] me respondeu que isto faria uma soma astronômica. Encontrei a respostas, finalmente, nas *Térmitas*.

Existem dois milhares de homens no mundo, mas eu que represento, afinal de contas, toda uma sociedade de vários milhões tenho o direito e o dever de cuidar bem dos meus próprios milhares face aos quais eu tomei compromissos.

Talvez seja perigoso falar disto ao grande público, ainda que no fundo cada um deve senti-lo, mesmo que não esteja realmente a par. Por outro lado, será que o universo da minha vida e minha felicidade pessoal não dependem da felicidade de toda uma geração, desde as ilhas dos canibais australianos até o gabinete de trabalho de um poeta ou até o telescópio de um cientista instalado em um *iceberg* encoberto de neve no Polo Norte?

30. Maurice Maeterlinck (1862-1949): prêmio Nobel de 1911; escritor, dramaturgo e poeta belga, de expressão francesa.
31. Ludwik Antoni Paszkiewicz (1878-1967), médico, professor de anatomia patológica na Universidade de Varsóvia.

Se a pequena Génia tosse à noite, como altruísta compadeço, mas como egoísta eu penso que ela perturba o repouso da noite e ao mesmo tempo que me preocupo com sua saúde, pergunto-me: e se for contagioso? O custo de um alimento especial, o cansaço e as despesas de uma estada no campo.

Tenho sono. Antes que a minha colmeia comece a zumbir, dormirei um pouco.

Tenho certeza que a minha futura sociedade de pessoas sensatas porá fim a esta ditadura do relógio. Durmo e como quando tenho vontade.

Ainda é sorte que nem os médicos, nem a polícia possam me impor o número de respirações por minuto, nem decidir a frequência dos batimentos do meu coração.

Não gosto muito de dormir de noite porque assim me é difícil adormecer durante o dia. É durante a noite que eu aprecio melhor o gosto do pão e da água.

É pura falta de senso pôr a criança na cama para um sono ininterrupto de dez horas.

O homem de amanhã ficará estupefato ao saber que cortamos as flores e penduramos os quadros nas paredes para decorar os nossos interiores. E que utilizamos as peles dos animais como tapetes.

Escalpelamentos: escalpelamentos das flores e escalpelamentos de nossos generosos irmãos caçulas.

E a tela pintada de cores gritantes que se deixa de olhar ao fim de algum tempo e sobre a qual a poeira se deposita, sem falar da bicharada que se aloja por baixo.

Como era pequeno, pobre e selvagem este antepassado há mil anos!

Com compaixão, eles evocarão nossas formas primitivas de ensino.

Como uma língua morta.

Uma vez "tendo ido ao povo", não parei de descobrir verdadeiros talentos nas crianças.

Em algum lugar em Solec[32], em um quarto miserável de um operário, ele me mostrou os desenhos do menino: o cavalo parecia um cavalo, a árvore tinha tudo de uma árvore e o navio era um verdadeiro navio.

Enrolei os desenhos que me pareceram os melhores para mostrar a um pintor conhecido.

Ele os olhou com uma careta:

— São sem valor. Cópias. Talvez este seria um pouco melhor.

Disse-me então esta coisa surpreendente:

— Cada um deveria saber fixar com lápis o que gostaria de guardar na memória. Aquele que não sabe fazê-lo é um analfabeto.

Tive muitas ocasiões para evocar esta verdade irrefutável.

Eis uma cena, um rosto, uma árvore; vão desaparecer daqui a um instante e talvez nunca mais os verei. Que pena, como é triste!

Os turistas se arrojam: fazem fotografias. E atualmente até filmes. As crianças, os jovens de hoje já podem se ver dando os primeiros passos.

Imagens inesquecíveis do dormitório que acorda. Olhares, gestos lentos ou, ao contrário, um pular súbito das camas. Um esfrega os olhos, outro enxuga a boca com a manga da camisa, um terceiro se acaricia a orelha, se espreguiça e com uma roupa na mão fica um longo momento imóvel, com o olhar ausente.

Vivo, fleugmático, hábil, desajeitado, seguro de si, medroso, cuidadoso, escrupuloso, negligente, lúcido, lunático.

Estes são os verdadeiros testes: você vê logo quem faz e por que; se o faz sempre ou somente hoje.

O professor faz o comentário do filme:

---

32. Solec: um dos bairros populares de Varsóvia.

E agora olhem com atenção (ele mostra os detalhes com uma vara como sobre um mapa). Vejam o olhar hostil destes dois, à direita: ele nos diz que eles não se gostam e que as suas camas não devem ficar vizinhas.

As pálpebras franzidas deste aqui provam a sua miopia.

Não se enganem com a resistência deste garoto aí, o seu esforço é visível, os seus movimentos nervosos, o seu ritmo irregular; nota-se paradas na sua pressa falsamente enérgica. Talvez tenha ele feito uma aposta, e anunciado sua vitória? Está apostando corrida com o rapaz à esquerda e não para de lançar olhadelas.

Quanto àquele outro, eu lhe predisse um dia ruim. Visivelmente, ele não está em seus melhores dias. Num instante ou dentro de uma hora; durante o banho, no momento de fazer a cama, no decorrer do almoço, ele se envolverá ou brigará com alguém, responderá grosseiramente ao professor.

Estávamos nós dois na janela quando se organizou uma partida nova de "dois fogos"[33].

Um jogo de bola nobre e cavalheiresco.

Eu tinha como professor um perito de dez anos.

Este aqui logo ficará fora do jogo, já está cansado. O outro só meio tempo, até o momento em que começará a fazer esforços. Este não será admitido. O outro ali parece que tem os olhos nas costas: olha à direita e atira à esquerda. Aquele lá parece que vai se render porque conta "tocar" aqueles dois ali. Quanto a este, vai se zangar num instante. Ele discute sempre, depois chora.

Se o prognóstico se mostra falso, o perito conhece as razões e sabe explicá-las. É que nos seus cálculos e apreciações ele negligenciou alguns fatos cujo papel agora parece evidente:

Ele joga mal porque ontem ele quebrou uma janela e está com medo. O outro por causa do sol que lhe faz mal aos olhos. Este aqui não está acostumado com esta bola, é dura demais para ele. Aquele lá tem dor na perna. Este belo tiro ele deve ao amigo que o ajuda sempre.

33. Jogo de bola popular na Polônia, que se assemelha ao "ballon-prisonnier".

Ele lê o jogo como uma partitura, comenta os movimentos como se tratasse de uma partida de xadrez.

Se chego a compreender alguma coisa, devo unicamente à devoção dos meus professores. Como são pacientes, benevolentes com um aluno tão nulo e desajeitado como eu!

Não é de admirar: eu tinha mais de quarenta anos quando o futebol nasceu, enquanto eles já tiveram uma bola sob o braço quando ainda engatinhavam.

Cinco volumes grossos:

1. *Bola comum.*
2. *Futebol*
3. *"Dois fogos".*
4. *Psicologia e filosofia do jogo de bola.*
5. *Biografias, entrevistas. Descrição de chutes, jogos, estádios célebres.*

E cem quilômetros de filmes.

Basta prever com antecedência as suas reações para não ficar irritado, nem impaciente, zangado ou indignado.

Hoje a classe será agitada porque é 1º de abril ou porque faz calor, porque haverá uma excursão daqui a três dias, porque daqui a uma semana teremos feriado, porque tenho dor de cabeça.

Lembro-me de uma educadora conceituada que se indignava com a rapidez com que cresciam os cabelos dos rapazes e de uma pequena estagiária que, depois de um serviço da noite no dormitório das meninas, começou o seu relatório com a seguinte observação:

Hoje as meninas foram insuportáveis: às nove horas ainda havia barulho e às dez cochichos misturados com risos. E tudo isso porque de manhã eu fiquei furiosa, muito apressada porque amanhã terei um seminário, porque perdi as minhas meias, porque recebi uma carta desagradável de casa.

Alguém diria:
"Qual pode ser o valor de um filme onde as crianças sabem que são fotografadas?"

A coisa é simples:

Instala-se a câmera e não se mexe mais com ela. O operador vem em momentos diferentes do dia e filma cenas diferentes em várias direções, mas o aparelho está vazio. Promete-se às crianças mostrar o filme quando terminado, mas há qualquer coisa que não corre bem a cada vez. Fotografa-se, de preferência e diversas vezes em seguida, as crianças mais inoportunas, menos queridas e as cenas que apresentam o mínimo de interesse. Nunca se lhes diz serem naturais, olhar para cá e não para lá, não prestar atenção ao que se faz. Se acende e apaga os projetores sem ordem aparente. Ou então se interrompe o jogo e se anuncia uma repetição cansativa.

A excitação dos primeiros dias cede logo lugar à irritação. Acabam não vendo mais. Ao fim de uma semana ou um mês. Aliás, escrevo tudo isto por nada. Procede-se certamente deste modo. Seria impossível fazer de outra maneira.

O educador que o ignorasse seria um analfabeto. Precisa ser um burro para não compreendê-lo.

No futuro todo educador será estenógrafo e operador de cinema.

E o ditafone e o rádio?

E as experiências de Pavlov que fizeram época?

E este jardineiro que cruzando e talvez educando as plantas obtém rosas sem espinho e "peras que crescem num salgueiro?"

Será que já dispomos dos contornos do homem, e talvez até mesmo da sua fotografia? Será que não nos falta quase nada? Apenas um retocador de talento?

Há os que têm medo de dormir de dia para não estragar o sono da noite. Eu, ao contrário, não gosto de dormir de noite, prefiro o dia.

15 de maio, 6 horas da manhã

As meninas estão já à metade. Eis como isto se passou:
— Você sabe, Hélène, você é um ser humano agitado. Ela:
— Eu sou um ser humano?
— Naturalmente. Você pensou que era cachorro?
Ela pensa. Ao cabo de algum tempo ela diz, admirada:
— Eu sou um ser humano. Sou Hélène. Sou uma menina, sou polonesa, a filha da mamãe. Sou varsoviana... Então, eu sou muitas coisas!
Ela prossegue:
— Tenho uma mamãe, um papai, uma vovó, não, duas vovós, um vovô, um vestido, duas mãos, uma boneca, uma mesinha, um canário, um avental. E você, eu tenho você também?
Um dia um nacionalista me fez esta observação:
— Um judeu bom patriota é, no melhor dos casos, um bom varsoviano ou um bom cracoviano, mas nunca um bom polonês.
Isto me atingiu.
Efetivamente, devo dizer com toda honestidade que nem Lvov, nem Poznan ou Gdynia me tocam, não mais que os lagos de Augustow, Zalesczvki ou Zaolzie. Nunca fui a Zakopane[34] (que me parece monstruoso). A Podláquia absolutamente não me apaixona, nem o mar, nem a floresta de Bialowieza. O Vístula da região de Cracóvia é para mim desconhecido. Não conheço e não tenho vontade de conhecer Gniezno. Mas gosto do Vístula de Varsóvia e arrancado desta cidade, sinto-me devorado pela saudade.

34. Importante estância climática e turística nas Altas Tatras.

Varsóvia pertence a mim e eu lhe pertenço. Digo mais: eu sou esta cidade. Dividi com ela suas alegrias e suas tristezas; o seu bom tempo era o meu, a sua chuva e a sua lama eram também as minhas. Cresci com ela. Ultimamente estamos um pouco afastados um do outro. Novas ruas, novos bairros nasceram que eu não acompanhava mais. Durante anos senti-me como um estranho no Zoliborz[35], ao ponto que Lublin e Hrubieszow[36], onde jamais pus os pés, me eram infinitamente mais próximas.

Varsóvia era sempre o lugar escolhido do meu trabalho, aqui que instalei o meu consultório, aqui que sempre voltei, aqui é que tenho todos os meus túmulos.

A noite toda, durante o espetáculo de marionetes, pensei no grupo da rua Miodowa e na creche da rua Freta.

Eis como era:

Desde as festas de Natal, pedreiros – todos desempregados na época – vinham aos pátios das casas ricas para ali representar se fossem convidados a subir.

Uma caixa como cenário, um acordeão ou um realejo e em cena as personagens: o rei Herodes no trono, um diabo com seu tridente.

As representações ocorriam na cozinha para não sujar o soalho das salas. A cozinheira escondeu os objetos preciosos, de medo dos furtos (uma vez roubaram sutilmente duas colheres de prata de um serviço de Fraget). Tudo era bonito, terrível e instrutivo.

No fim chegou um velho com um saco que fazia a coleta.

Meu pai me dava moedas de prata de dez *groszys*, todas novas, para que eu mesmo as pusesse no saco do velho. Eu

---

35. Zoliborz: um dos bairros de Varsóvia.
36. Lublin, Hrubieszow: cidades da Polônia meridional.

troquei em moedas de dois *groszys* e, tremendo de emoção, coloquei no saco. O velho olhou, agitou a sua barba branca e disse:

— É pouco, é muito pouco, senhor, dê mais.

Foi nesta época que meu pai me levou para ver o presépio. Uma comprida sala de orfanato, uma cortina, muito mistério, pouco espaço, espera.

Percebi seres estranhos, vestidos de aventais azul-marinho e toucas brancas com grandes asas rígidas.

Tive medo. As lágrimas que enguli me sufocaram,

— Papai, não vai embora!

— Não tenhas medo.

Uma senhora desconhecida me fez sentar na primeira fila. Nunca faça isto se a criança se opõe. Teria preferido estar em algum lugar de lado, mesmo se fosse o pior dos lugares, mesmo se não visse nada.

Sentia-me perdido.

— Papai!

— Fique sentado, que bobinho!

Antes de chegar ao teatro, perguntei se a gente veria Herodes e o diabo.

— Você verá.

Esta reserva dos adultos desespera. Não faça, pois, surpresas às crianças se elas não têm vontade. É preciso que sejam prevenidas, que saibam com antecedência se realmente atiram no palco, quando e como. É preciso sempre me preparar antes de empreender uma longa e perigosa viagem!

Mas eles só têm uma preocupação:

— Faça xixi aí, não vai poder depois.

— Mas agora não tenho tempo. Aliás nem tenho vontade. Não sei fazer antes.

Eu sabia somente que seria um presépio mais importante e cem vezes mais bonito e que não haveria velho com saco.

Fiquei contente. Se o velho não vem, tanto melhor.

Já disse. Esta hora me ensinou muito, sim. Sempre este velho; não somente estava lá, mas sentado na primeira fila.

Ele era insaciável.

O seu saco engoliu primeiro as belas moedas de papai que eu dei sem emoção. Em seguida era a vez das minhas pobres moedas de cobre. Instruído pelas minhas primeiras humilhações, guardei-as durante muito tempo, sendo todas as fontes e todos os métodos bons. Muitas vezes um mendigo verdadeiro na rua era a vítima. Eu pensava: "Não lhe darei, guardarei para o meu velho do presépio".

Mas o meu velho nunca tinha bastante. O seu saco não tinha fundo. Não era grande o seu saco, cinco vezes menor que o meu porta-moeda, mas devorou tudo, tragou os meus últimos centavos.

Eu dei, dei mais ainda. Experimentemos mais uma vez, talvez ele dirá enfim que chega.

Papai! Vovó! Katherine! Emprestem-me que devolverei! Venderei a colheita do ano todo.

Curiosidade: poderia eu, talvez, surpreendê-lo atrás dos bastidores onde ele se eclipsa por um momento para continuar aí a importunar os outros, a encorajá-los a dar.

Angústia e tristeza do sentimento de que se acabou com o velho, que dele não ficou mais nada.

E o pior: o ritual cansativo das abluções antes de deitar a que se juntou às vezes uma colher de óleo de fígado de bacalhau. Nestes dias excepcionais não se devia atormentar as crianças com tudo que a história, a ciência e a experiência recomendaram para o seu uso. Poderiam dar-lhes uma folga.

Este recolhimento, esta liberdade, este conto de fadas entremeado com o cinzento da vida cotidiana.

O velho do presépio da rua Miodowa (quanto esta rua mudou desde o cerco de Varsóvia) me ensinou muito: a inutilidade da defesa contra um pedido demais insistente e o infinito das exigências impossíveis de satisfazer.

Você dá primeiro de boa vontade, depois sem entusiasmo, por dever, depois, de acordo com a lei da inércia, por hábito, sem que o coração tome parte, depois contra a vontade, com cólera, com desespero. Ele quer tudo que te pertence, inclusive você.

No espetáculo de marionetes eu me agarrava ao meu velho como a um último laço que me ligava ainda ao maravilhoso tonto da vida, ao mistério encantado, à magia das emoções coloridas dos dias de festa.

Tudo isto acabou e não voltará mais. Morto e enterrado. Somente este estranho (...). E o seu medonho (...). O bem, o mal.

Desejo ardente, impotência, multidão, o nada.

Contarei talvez como, quarenta anos mais tarde, dei de comer aos pardais.

Se a criança te pedir para contar ainda e ainda a mesma história, não convém recusar.

Para certas crianças, em maior número, talvez, do que possamos supor, um espetáculo deveria compor-se de um só número infinito.

Uma única pessoa pode representar todo um auditório numeroso e satisfeito. Você não perderá seu tempo.

As velhas babás e os pedreiros são muitas vezes melhores pedagogos que os psicotécnicos diplomados.

A nós, adultos, não acontece gritarmos: *Bis! Bis!?*

Uma mesma história repetida ao infinito é como uma sonata ou um soneto preferidos, como uma escultura cuja visão quando nos vem a faltar retira todo o colorido do dia.

Todas as galerias de pintura conhecem estes maníacos de um só quadro.

O meu *São João* de Murillo no Museu de Viena e as minhas esculturas preferidas em Cracóvia, os dois Rygier[37]: *Artesanato* e *Arte*.

Antes que o homem se afunde definitivamente e não se reconcilie com o desordenado dos seus sentimentos vividos dia a dia, se defende, sofre... tem vergonha de ser diferente dos outros, pior que a multidão dos outros; talvez isto não seja mais que um sentimento de estranheza dolorosamente sentido.

O espetáculo de marionetes sem o velho.

Era duro, muito duro.

Mamãe tinha razão de tremer ante a ideia de nos confiar ao nosso pai, assim como tínhamos razão – minha irmã e eu – de ficarmos arrebatados de êxtase e de acolher com expressões de alegria todos estes prazeres, mesmo os mais fatigantes, os mais decepcionantes que achou para nós com a sua estranha intuição, o nosso pedagogo não muito equilibrado: papai.

Puxou-nos dolorosamente as orelhas, passando por cima das observações mais que severas de mamãe e vovó.

"Se a criança ficar surda, a responsabilidade é só sua."

Na sala fazia um calor de não se poder aguentar... Os preparativos se arrastaram ao infinito. Os barulhinhos atrás da cortina chamavam a atenção além dos limites aceitáveis, para os nervos. As lâmpadas soltaram fumaça. As crianças andavam aos atropelos.

"Vai para lá! Tire a mão! Cuidado com a perna! Não deite em cima de mim!"

Primeiro sinal. Uma eternidade. Segundo sinal. Um aviador no meio dos tiros do inimigo deve experimentar tais sentimentos

---

37. Teodor Rygier (1841-1913): escultor polonês de tendência romântica. (N. do T.)

no momento em que, tendo esgotado todas as suas munições, sabe que lhe resta realizar seu último dever, o mais importante de todos. Não há mais retirada possível, ele não a deseja tampouco, nem pensa mais nisto.

Não creio que esta comparação seja imprópria aqui.

Começou. Algo inimitável, único, definitivo.

Não me lembro de ninguém. Nem mesmo sei se o diabo era vermelho ou preto. Quem sabe preto com um rabo e chifres. Não uma marionete. Em carne e osso. Mas não uma criança fantasiada.

Uma criança fantasiada?

Só os adultos podem acreditar em tais infantilidades.

O rei Herodes em pessoa se dirige a ele:

— Satanás!

Um tal riso, tais pulos, um rabo tão autêntico e este "Não!" e um tridente semelhante e este "Vem!" — eu nunca antes vi, nem ouvi e tenho este estranho pressentimento que nunca mais os verei, mesmo que seja verdadeiro que o inferno exista.

Tudo ali era autêntico.

Minha lâmpada se apaga; cigarros; alguém tosse e isto me incomoda.

As ruas Miodowa e Freta. Na rua Freta havia a escola de Szmarla. Aí açoitava-se com varas. Estas eram igualmente autênticas. Mas isto não se compara.

4 horas

Eu abri uma só cortina para não acordar as crianças.

Régine está com eritema nodoso.

Eu apliquei-lhe, de acordo com um método hoje certamente ultrapassado, salicilato 10.0/200.0, uma colher a cada duas horas, até aparecer o zumbido nos ouvidos, acompanhado de uma visão amarela. Em vez destas reações, ela vomitou ontem duas vezes. Mas os nódulos das duas pernas ficaram mais claros, menores e indolores.

Eu receio nas crianças tudo que se aparenta com reumatismo.

Salicilato! – dizia-se em Paris, e não qualquer um: Hutinel[38], Marfan[39] e mesmo, o que é realmente surpreendente, Baginski[40] em Berlim.

Vômitos, que bela coisa! Isto é suficiente, contudo, para não lembrar o infeliz médico que tivera a honestidade de dizer que a complicação era devida ao medicamento.

Depois deste famoso presépio eu tinha só dois dias de febre. Ou melhor, uma noite só. A febre não era tão grande, mas tratava-se de um jeito, até a primavera pelo menos, de poder protestar com um grande "não" de indignação cada vez que meu pai – que ideia! – me trazia.

Aliás, eu não jurarei que a caminho de volta não fizemos um desvio para nos oferecer sorvete ou água Seltzer gelada com suco de abacaxi. A esta época o gelo artificial não era ainda conhecido, mas era fácil achar gelo natural no inverno. Podíamos, pois, refrescar-nos depois deste calor infernal.

Lembro-me de ter perdido o meu cachecol.

E também deste terceiro dia de cama quando mamãe repreendeu severamente papai que quis aproximar-se:

– Você tem as mãos frias, não se aproxime!

Papai, deixando documente o quarto, me lançou uma piscadela.

---

38. Victor Henri Hutinel (1849-1933): médico pediatra francês, professor na Faculdade de Medicina de Paris.
39. Bernard Marfan (1858-1942): pediatra francês, professor da Faculdade de Medicina de Paris.
40. Adolf Baginski (1843-1918): professor de pediatria em Berlim. (N. do T.)

Eu respondi por minha vez com um olhar cúmplice, algo do tipo:

"Não ligue."

Creio que sentíamos, nós dois, que no fim das contas não eram as mulheres, mamãe, vovó, a cozinheira, minha irmã, a empregada e a srta. Maria (para as crianças) que governavam aí, mas nós, os homens.

Os verdadeiros chefes éramos nós. Nós só cedíamos para ter a paz.

Curioso. No decorrer da minha prática de médico – cuja clientela, seja dito entre nós, não era muito numerosa – fui chamado amiúde pelos pais, mas sempre só, uma vez.

Aí são as mães que cedem para ter a paz.

Direi ainda algumas palavras sobre [...]

Uma observação, ou antes um conselho, para aqueles que dentro de uns trinta anos serão encarregados de programar as emissões de rádio: preveja uma hora de conversa para um avô (ou pai) e o seu neto, a razão de trinta minutos cada vez, sob o título: "O meu dia de ontem". O bate-papo poderá começar sempre da mesma forma:

"Ontem acordei à... Levantei-me... Vesti-me..."

Este tipo de conversa poderá ensinar a olhar, a esmiuçar a vida cotidiana – como ignorar ou dar valor, receber, apreciar ou menosprezar os fatos de cada dia, como insistir, atacar, como viver.

E por que não as mulheres? Por que não um professor e um aluno, um artesão e seu patrão, um empregado de escritório ou um advogado e seus clientes?

Ideia a ser aprofundada.

Para terminar.

Na língua polonesa a pátria é uma noção muito exigente. Faltam-lhe ressonâncias familiares.

Somente um judeu ou talvez ao mesmo tempo um polonês? E talvez não a pátria, mas uma casinha com jardim?

Será que um camponês não ama a sua pátria?

Que sorte que a pena (de escrever) chega ao seu fim. Um dia trabalhoso me espera.

Em post-scriptum

Ugolino de Dante[41]. É aceitável, apesar de tudo. O presépio... Se eles estivessem vivos, saberiam onde está a razão.

Houve um tempo quando eu guardava sublimado e pastilhas de morfina bem no fundo da minha gaveta. Só os tomava quando ia ao túmulo de minha mãe. Desde a guerra guardo-os permanentemente no meu bolso e, curioso, nada me confiscaram quando me revistaram na prisão.

Não existe evento mais abjeto que um suicídio falhado. Um tal projeto se deveria deixar amadurecer o suficiente para que a sua execução seja coroada de pleno sucesso.

Se eu adiei sempre a minha decisão, embora os menores detalhes tenham sido cuidadosamente planejados, é que sempre, no último momento, surgia um novo sonho, o qual não tinha vontade de abandonar sem elaborá-lo. Reuni tudo isto sob o título de "coisas estranhas".

Eis um exemplo:

Inventei uma máquina (um mecanismo muito particular e complicado). Uma espécie de microscópio. Graduação centesimal. Se eu o regulo a cento e noventa e nove, provoco a morte de tudo que não possui nenhuma porcentagem de humanidade.

---

41. Ugolino della Gherardesca, membro de uma grande família italiana de Pisa (século XIII); foi encarcerado com seus filhos numa torre, onde morreu de fome depois de ter tentado comer os seus filhos. O seu suplício inspirou Dante no "Inferno". (N. do T.)

Era um trabalho enorme. Tive de estabelecer quantas pessoas (criaturas vivas) seriam postas cada vez fora de circulação e quem viria substituí-las, que aparência teria esta nova vida provisoriamente purificada. Ao cabo de um ano de reflexões (noturnas, bem entendido) a destilação era feita pela metade. As pessoas não eram mais que semianimais, o resto desapareceu. Decidi excluir-me, a mim mesmo, deste exame, o que prova quão minuciosas deviam ser as minhas previsões. Com um ligeiro deslocamento do micrômetro no meu "microscópio" poderia ter-me privado da vida, a mim mesmo. Que teria acontecido então?

Confesso com certo constrangimento que me ocorre ainda voltar a este projeto em certas noites particularmente penosas. As que passei na prisão forneceram os capítulos mais interessantes da minha história.

Diversos sonhos foram postos em obra; tive a escolha.

Por exemplo:

Encontrei uma palavra mágica. Sou o ditador da luz.

Adormeci tão desconcertado que isto fez nascer em mim um movimento de revolta.

Por que eu? Que querem de mim? Há outros, mais moços, mais razoáveis, mais puros e que conviriam mais a este tipo de missão.

Deixem-me com minhas crianças. Não sou um sociólogo. Isto seria um escândalo, eu comprometeria a experiência, comprometendo-me a mim mesmo.

Para repousar e para me relaxar um pouco, me mudo para o hospital infantil. "Lugar reservado." A cidade rejeita as crianças como se fossem conchas e a mim, resta apenas ser bom com elas. Eu não lhes pergunto de onde vêm, nem por quanto tempo, nem para onde querem ir. Não penso se isto é um bem ou um mal para a humanidade.

"O velho doutor" distribui bombons, conta histórias, responde às perguntas. Os bons, os doces anos, longe da feira do mundo.

Por vezes um livro ou a visita de um amigo... e sempre um paciente que requer mais cuidados durante anos.

As crianças se curam ou morrem, como sempre, nos hospitais.

Não quero bancar o falso sábio, não faço esforço para aprofundar um tema que conheço a fundo. Não fui eu durante sete anos este médico modesto em um hospital público? Desde então a sensação de ter desertado não me deixa. Traí a criança doente, a medicina e o hospital. Cedi a uma falsa ambição: ser ao mesmo tempo médico e o escultor da alma infantil. Da alma, nem mais, nem menos. (Velho imbecil, trabalhaste mal: estragaste a tua vida e a ideia. Bem feito!) Uma dama histérica, mulher suja e indolente, com mentalidade de lava-pratos de hospital, figura neste importante capítulo da minha vida e um *maitre* do hotel se imiscui na higiene.

E é por isto que eu me arrastei, de barriga vazia, em clínicas de três capitais do mundo! É melhor não falar disto.

Esboço esta autobiografia; não sei mais a quantas páginas cheguei. Não tenho mais coragem para reler. Receio repetir-me cada vez mais. Além disto, os fatos e acontecimentos vividos correm o risco de serem contados de uma maneira desordenada, a partir de detalhes.

Não faz mal. É uma prova de que os momentos que relembro teriam sido importantes, profundamente vividos.

É a prova também da dependência entre as lembranças e o que se vive no presente. Relembrando, nós mentimos inconscientemente. Isto é claro e o afirmo visando apenas o mais simples dos leitores.

Sonhei muitas vezes e projetei viajar para a China.

Isto podia me acontecer, até facilmente.

Minha pobre Yu-Ya do tempo da guerra japonesa. Fiz-lhe uma dedicatória em língua polonesa.

Precisou de toda a paciência dos seus quatro anos para ensinar o chinês a um aluno preguiçoso como eu.

Não tenho nada contra os institutos de línguas orientais, com os seus professores, seus cursos magistrais.

Mas cada um deveria ir passar um ano numa aldeia oriental como aquela para seguir o curso de iniciação de um professor de quatro anos.

Foi a pequena Erna que me ensinou a falar alemão; Walter e Frieda já eram muito velhos, demais escolarizados com a sua gramática e seu espírito livresco.

Diz Dostoiévski que todos os nossos sonhos se realizam no decorrer dos anos; mas são tão deformados que não os reconhecemos mais. Eu, porém, reconheço os meus sonhos de ante guerra.

Não fui à China, a China é que veio a mim. A fome chinesa, a miséria chinesa do órfão, a morte chinesa das crianças.

Não quero permanecer neste assunto. Descrever o sofrimento de ou trem é como roubar, como viver da desgraça alheia. Não é suficiente o que se vive por si mesmo?

Os primeiros jornalistas e representantes oficiais vindos da América não escondiam a sua decepção: não é tão terrível assim. Procuravam cadáveres e, nos orfanatos, esqueletos de crianças.

Quando vieram visitar a Casa do Órfão, os meninos brincavam de soldado: quepes de papel e bastões.

"Sem dúvida, a guerra não os atingiu muito ainda" – disse um deles com certo despeito.

Agora sim. Mas os seus nervos são embotados... E depois, isto começa a se movimentar um pouco: aqui e acolá, já se pode ver alguns brinquedos nas vitrines e bombons custando quatro tostões e um *zloiy*. Eles cresceram, têm apetite.

– Eu vi com os meus próprios olhos: um desses meninos mendigou e logo comprou um bombom.

– Não lhe aconselho pôr isto no seu jornal, caro colega.

Li em algum lugar que não há nada com que as pessoas se habituem mais facilmente que a desgraça alheia.

Quando atravessávamos o Ostroleka, indo à Prússia Oriental[42], uma quitandeira perguntou-nos:

"Que será de nós, senhores oficiais? Nós somos apenas civis, por que iríamos sofrer? Os senhores são outra coisa: vão a uma morte certa".

Em Ha-Ed-Pin tomei uma única vez um jinriquixá. Agora, em Varsóvia, não consigo conformar-me.

Um cule vive três anos, no máximo cinco, se for resistente.

Não quis colaborar.

Agora digo:

"É preciso permitir eles ganharem a vida. É melhor que seja eu antes que dois traficantes gordos, mais as suas trouxas."

É um momento sempre penoso ter que escolher um mais forte ou de aspecto mais saudável (quando estou com pressa). E tenho o hábito de deixar-lhes cinquenta centavos além da importância pedida.

Assim, eu era nobre e nobre permaneço.

Quando dormia no mesmo quarto que as crianças bem comportadas e acendia um cigarro, tinha o seguinte raciocínio:

"A fumaça é um expectorante. Eu lhes presto um serviço em suma."

Busco inspiração em cinco copos de álcool, cortado pela metade com água quente.

Depois disto vem uma sensação de voluptuosa lassidão, quando a dor é ausente, pois a cicatriz não conta, assim como

---

42. Uma lembrança da Primeira Guerra Mundial; mobilizado, Korczak era responsável pelo hospital militar de campanha. (N. do T.)

não contam as fisgadas nas pernas, nem a dor nos olhos, nem mesmo a sensação de queimadura na pele.

O que me inspira é o fato de estar na cama, o pensamento de que poderei ficar assim até a manhã: doze longas horas de um trabalho normal dos pulmões, coração e cérebro.

Depois de um dia de duro trabalho.

Pus uma bala de caramelo num copo. Ajuda a passar o gosto do chucrute e do alho das nossas refeições cotidianas. Prazer epicurista.

E ainda não é tudo: um copo de café legítimo com duas colheres de bagaceira e adoçado com mel artificial.

Odores: de amoníaco (a urina se decompõe depressa agora e não é todos os dias que lavo o balde), de alho, de acetileno e de vez em quando o que os meus sete companheiros de quarto soltam.

Sensação de bem-estar, de segurança, de silêncio. Sem dúvida, este momento de paz poderá ser perturbado ainda pela chegada intempestiva de Dona Stefa, que viria anunciar uma notícia ou uma decisão de último momento, fruto de suas meditações.

Ou ainda pela da srta. Ester, que viria para me dizer que alguém está chorando e não consegue adormecer por causa de um dente ou ainda Felek, que viria para pegar uma carta a ser enviada amanhã a tal ou qual personalidade.

Ora! Uma traça acaba de passar e eis que já estou à beira da cólera, fervo interiormente. Tive como hóspedes os percevejos primeiro, raros no começo, e agora os últimos inimigos – meus inimigos número cinco, digamos – as traças. Que o diabo as carregue! Falaremos disto amanhã. Neste momento de paz (às dez da noite) gostaria de percorrer em pensamento o dia que acaba, um dia laborioso, como disse há pouco.

A propósito da vodka: era o último meio-litro do velho contingente. Não devia abrir, guardei-a como uma pera para a sede. Mas o diabo não dorme: o chucrute, o alho, a necessidade de apaziguamento... e depois estes cinquenta gramas de linguiça.

Tudo é calmo, sente-se em segurança. Sim, em segurança, pois não prevejo nenhuma visita do exterior. Salvo aquelas que tomariam a forma de um incêndio, de um ataque aéreo, de reboque caindo do teto. Mas já o fato de falar de uma "sensação de segurança" prova que subjetivamente eu me considero como habitante da retaguarda. Só pode compreendê-lo aquele que sabe o que é a frente de batalha.

Estou bem e tenho vontade de escrever por muito tempo, até a última gota de tinta de minha caneta. Digamos até uma hora; depois seis longas horas de repouso.

Tenho quase vontade de gracejar.

"É um espanto" – teria dito, não muito a propósito, um ministro um pouco ébrio já que, aqui e acolá no país, grassou a febre tifoide e que a taxa de mortalidade causada pela tuberculose aumentava vertiginosamente.

Ele se tornou alvo dos sarcasmos dos adversários políticos da imprensa independente (que piedade!).

"Espantoso" digo eu por minha vez e queria ser alegre.

Uma lembrança engraçada:

Cinquenta gramas de linguiça custam hoje um *zloty* e vinte; na época custou somente oitenta *groszys* (um pouco menos que o pão).

Teria dito à vendedora:

– Será que é de carne humana, senhora? Parece bem barato para carne de cavalo.

E ela respondeu:

– Não sei, não vi quando fabricaram.

Ela não se indignou, não sorriu ao freguês que se fazia espirituoso, não deu de ombros para fazer-lhe compreender que a brincadeira era um tanto macabra. Nada. Apenas parou de cortar, esperando a minha decisão. Mau freguês, desconfiado, brincadeira de mau gosto: o negócio não valia a perda de tempo.

O dia começou com a pesagem. Em maio a baixa tem sido considerável. Os meses precedentes não foram maus. Maio, aliás, não era catastrófico, mas há ainda pelo menos dois longos meses de dureza. Isto é certo. As restrições oficiais, o modo como elas serão aplicadas e o excesso de população agravarão ainda mais a situação.

Cada sábado a hora da pesagem é ocasião de grandes emoções.

Depois do almoço, a reunião pedagógica.

O almoço em si já é trabalho. Como resultado da minha missiva grosseira, dirigida ao responsável em questão, recebemos uma boa injeção de linguiças e presunto e até bolo.

Não é grande coisa, mas faz efeito de qualquer jeito.

Em seguida uma surpresa em forma de duzentos quilos de batata.

Eco da correspondência. Alguma dissonância de qualquer forma. Uma vitória diplomática efêmera, uma concessão obtida demais facilmente não devem despertar em nós grandes esperanças otimistas, nem adormecer a nossa vigilância.

De uma maneira ou de outra, eles tentarão se desforrar. Como impedi-los? De que lado virão as nuvens? Quando e sob que forma a reunião de invisíveis *ohms*, *volts* e *néons* para o próximo relâmpago e o vento do deserto?

A tormenta: "Agi bem ou agi mal?", acompanhamento sombrio do despreocupado almoço das crianças.

Depois do almoço um pulo rápido ao banheiro (por antecipação, e então, até isto com esforço), em seguida a reunião para discutir o projeto do curso de verão, demissões e substituições.

O melhor seria que tudo ficasse como no ano passado. Mas tanta coisa mudou, eis aí a questão: o dormitório não é o mesmo, muitas crianças foram embora, outras chegaram, novas nomeações... em suma, nada é como antes. Queria que as coisas andassem melhor.

Depois da reunião, o diário e as sentenças do Tribunal. Ultimamente descobriu-se alguns abusos na casa. Há os que não têm vontade de ouvir durante uma hora uma discussão sobre a boa ou má gestão, de pensar sobre o que falta ou sobre o que precisaria suprimir, prever ou fazer. Para aqueles que virão, o diário será uma revelação.

Mas os antigos sabem muito bem que, de qualquer maneira, não vão saber o que mais lhes interessa. No fundo, tudo isto lhes é indiferente. Eles não ouvem. Portanto, se é possível suprimir este cansaço suplementar, por que não fazê-lo?

Logo depois da leitura do diário (cansativa para mim que aceito certas coisas pela razão, que não sei ver por comodidade e a quem a imposição repugna quando a persuasão malogra). Uma longa conversa com uma benfeitora que veio para interceder a favor de uma criança. Negócio delicado, exigindo prudência, cortesia e determinação: é de se ficar louco. Voltaremos a falar disto em outra ocasião. Porque o gongo anuncia o almoço.

Em que este almoço é diferente dos outros? Não sei dizer. Remeto este assunto também para mais tarde.

No meu programa de hoje só há três endereços: três visitas a fazer. Aparentemente fácil.

1. Passar para ver um simpatizante que esteve doente.
2. Uma casa aqui perto: conversação a propósito de levedo para as crianças.

3. Ainda não muito longe: acolher os imigrantes do Leste, gente simpática, amável, a quem quero bem.

Sim, senhor.

A primeira visita é a sequência das nossas discussões pedagógicas matinais.

Ninguém em casa.

"Apresento-lhes, com atraso, os melhores votos de saúde. Lamento não ter podido fazê-lo antes."

Todos estes pensamentos, que cansaço!

Porque, voltando a mencionar este velho cavalheiro, que personagem estranha. Mal o vejo no papel de instrutor de escola primária. Que sei dele? Nem uma conversa mais demorada no decorrer do ano escolar, ou mesmo nenhuma.

Falta de tempo? Minto. (Os meus olhos se fecham, não posso mais. Realmente, não posso mais. Acordarei mais cedo para acabar.

... Eu te saúdo, belo silêncio da noite.)

Não acordei e de manhã precisei escrever cartas.

Segue a próxima noite
Paz, sê abençoada.

N.B. A noite passada fuzilaram só sete judeus, pertencendo a assim chamada "Gestapo" judia. O que isto quer dizer? Melhor não procurar saber.

Um curso de uma hora sobre levedura. Levedura de cerveja ou de pão, fresca ou em pó? Quanto tempo de fermentação? Quantas doses por semana?

A vitamina B.

Precisaríamos de cinco litros por semana. Como fazer? Obter de quem, por quem?

Um curso sobre a cozinha nacional na terceira visita sobre o modo que se preparava, na sua infância, o *kugel*[43] e o *scholent*[44].

Explosão de lembranças de um ancião. Elas voltam de um inferno ao paraíso de Varsóvia.

Por que não?

— Você é apenas um menino pela idade e pela experiência. Você não sabe nada de nada.

E volta ao seu *scholent*.

Evoco Kiev, onde me senti devorado pela saudade das tripas à moda de Varsóvia. Comia chorando de nostalgia.

Ele me escutou e aprovou com compreensão.

Na entrada o zelador se aproxima.

— Salve-nos Deus Todo-poderoso! Sobretudo que não se pergunte nada, que não se diga nada, que não se faça perguntas.

Sobre a calçada, um rapaz morto. Ao lado três meninos consertam um papagaio com barbante. Uma olhada no morto e se afastam alguns passos sem interromper a brincadeira.

Todo homem um pouco abastado deve ajudar a sua família. Entende-se por família: os seus irmãos, os de sua mulher, seus pais, seus filhos. Ajuda de cinco a cinquenta *zlotys*. Isto desfila desde a madrugada até tarde da noite.

Assim, aquele que morre de fome pode sempre achar um membro da família que não negará o parentesco e lhe assegurará duas refeições por dia. Ele se contenta dois ou três dias, uma semana no máximo; em seguida pede uma camisa, sapatos, um alojamento decente, um pouco de carvão, cuidados médicos para ele, sua mulher, seus filhos... e para terminar

---

43. *Kugel*: bolo de sábado na cozinha tradicional judia.
44. *Scholent*: um tipo de feijoada originária da Provence (França). Prepara-se na sexta-feira, fica 24 horas no forno (daí o nome: *chaud-lent*) para comer no sábado, quando é proibido cozinhar. (N. do T.)

ele não tem mais vontade de ser mendigo: ele quer trabalhar e exige um cargo.

Isto é natural, mas desperta tamanha cólera, um tal desalento, tal desgosto e tamanho medo que um homem bom e sensível torna-se inimigo da sua família, da humanidade, de si mesmo.

Gostaria de não possuir nada para que eles vejam que não tenho mais nada, para que isto acabe.

Voltei abatido do meu giro. Sete visitas, entrevistas, escadas, perguntas. Resultado: cinquenta *zlotys* e uma promessa de contribuição mensal de cinco *zlotys*. Vá alimentar duzentos homens com isto!

Deito completamente vestido. Primeiro dia de calor. Não quero dormir. Às nove horas uma reunião, dita "educativa". De vez em quando alguém irrompe e desiste logo depois (não vale a pena). Às vezes uma observação tímida (só proforma). A cerimônia dura uma hora. A regra foi respeitada: das nove às dez. Enfim, eu exagero um pouco.

Para adormecer, tento diversos pensamentos. Agora eu penso no que gostaria de comer sem constrangimento, nem asco.

Eu que ainda há seis meses nem bem sabia de que gostava! Às vezes eram as coisas ligadas a alguma lembrança, por exemplo os morangos (jardim da tia Magda), as tripas (Kiev), o mingau de trigo mourisco (meu pai), os rins (Paris).

Na Palestina reguei cada prato abundantemente com vinagre.

E agora aqui estou escolhendo os meus cardápios para poder adormecer:

Champanhe (com biscoitos) e um sorvete com vinho tinto.

(Isto prova que me ocorrem lembranças de uma época quando tinha problemas de garganta, pois faz bem uns vinte anos que não tomo sorvete. Quanto ao champanhe, bebi talvez umas três vezes em minha vida e comi biscoito quando era doente, ainda criança.)

Experimentemos ainda:

Peixe com molho tártaro?

Um escalope vienense?

Um pastel de lebre... com repolho roxo ao málaga?

Não, categoricamente não!

Por quê?

Coisa curiosa: comer também é um esforço... e eu estou cansado.

De manhã, ao acordar, chego a sonhar:

"Para me levantar, precisarei sentar na cama, estender a mão para pegar a cueca, abotoá-la, pelo menos um botão. Fixá-la à camisa... Não posso enfiar as meias sem me abaixar. Há também os suspensórios..."

Compreendo Krilov[45] que, devido à idade, passou o tempo num sofá sob o qual tinha toda a sua biblioteca. Estendia a mão e lia tudo que aparecia.

Compreendo também a amiguinha do meu amigo P.: de noite, para não ter que acender a lâmpada, ela preferia ler à luz de velas que P. lhe trazia para isto.

Tusso... Me é penoso descer da calçada à rua... e subir da via à calçada. Um transeunte me empurra; vacilei e apoiei-me no muro.

Isto não é um enfraquecimento físico; levantei facilmente um escolar, trinta quilos de carne viva e resistente. Não é uma falta de força física, mas uma falta de vontade. Sou como um drogado. Chego a perguntar-me se isto não é devido ao fumo,

---

45. Ivan Andreievitch Krilov (1769-1844): fabulista russo de tendência realista e satírica.

aos legumes crus que consumimos ou talvez ao ar que respiramos. Porque não estou só para apresentar este tipo de sintomas. Vivo no meio de lunáticos, morfinômanos.

O mesmo vale para a memória.

Chego a ir procurar alguém para um negócio e parar no meio dá escada, perguntando-me o que me leva até lá. Devo pensar um bom tempo antes de soltar um suspiro de alívio: "Eh, sim, já sei: Kobryner – ajuda em caso de doença; Herszaft – alimentação; Kransztyk – qualidade e quantidade de carvão em relação à lenha".

A mesma coisa no decorrer das reuniões. Perde-se o fio de pensamento. Uma intervenção e discussão desvia por algum tempo.

O que é que se falou até agora?

Alguém começa uma demonstração:

– Primeiramente...

Mas o "segundamente" nunca chega.

Bate-papo, sem dúvida.

Dá-se um parecer favorável a um pedido de custódia e se deveria passar ao assunto seguinte. Impossível. Uma, duas, três pessoas continuarão dando os seus argumentos e nos forçarão a interrompê-las várias vezes.

A discussão derrapa como um carro que o motorista não consegue dominar.

Que cansaço e que irritação!

Chega!

Chega? Eis uma noção que se ignora no *front*. O *front*: são as ordens: 'Tara a frente, marcha! Alto! Partida, cinco, dez quilômetros! Parada para acampar!"

Motorizado ou a cavalo, dia e noite, é preciso obedecer mesmo se a ordem é rabiscada a lápis num pedaço de papel.

A aldeia conta com cinco casebres que permanecem ainda em pé.

Preparem-se para receber duzentos feridos. Estão chegando. Vire-se como pode.

Enquanto que aqui:

"Peço-lhe humildemente... ser-lhe-ei muito grato... queira ter a gentileza..."

Você pode não fazer nada, fazer diferente, barganhar.

Lá, se o teu superior bancar o imbecil, te ridiculariza, te humilha, dá ordens absurdas, desaparece no momento crítico, deixando-te sem ordens, não podes fazer nada, salvo falar ou sonhar, o que não adianta muito.

Um civil pode fazer valer as suas razões, discutir, provocar um escândalo, ameaçar.

Mas o resultado é sempre o mesmo.

Aborrece-se.

No *front* este aborrecimento é pelo menos passageiro; alguém vem bater na porta, se ouve um cavalo relinchar na estrada: haverá novidade. Talvez uma outra cidade, talvez uma revolução palaciana, talvez um deslocamento do *front* ou o mais terrível de tudo: o cativeiro.

Aqui nós, os judeus, não sabemos tampouco o que nos reserva o amanhã. Contudo, uma certa sensação de segurança, logo de aborrecimento.

– Você preferiria estar na batalha de Charkov?

Então, repelindo com um gesto de menosprezo todos estes jornalecos, respondo:

– Sim.

Seria talvez pior, mas seria uma mudança.

Eis por que há os que se lançam na indústria, na especulação, no trabalho social ou (...).

Já é dia. Bocejo. Mais um.

Este dente me fere a língua. Um verdadeiro desespero. Tentei limá-lo, nada feito. Seria já o câncer...?

29 de maio de 1942
às 6 da manhã, na cama

Você quer fazer uma ideia da sua resistência à raiva? Experimente ajudar uma pessoa desajeitada.

Você dá-lhe um papel que ela deve entregar à tal ou qual pessoa, no endereço tal, à tal hora. Ela volta para dizer que o perdeu ou esqueceu em casa ou não teve tempo ou o zelador aconselhou outra coisa. Aliás, ela não sabe se esta é a melhor solução. Com quem deixaria a criança? Ontem ela teve que lavar a roupa da pequena.

— O senhor não poderia deixá-lo para mais tarde?
— Faz calor. Eu prometi-lhe.

Ela fica desolada. E se isto não me der nada? Antes da guerra era o marido que se ocupava de tudo.

— Eu agi talvez mal, mas por que o senhor se zanga?

Um outro caso:

Acabo de verificar as condições materiais de uma família: a mãe entrou com um pedido de custódia de seu filho.

— Ele pode dormir aqui. É limpo.
— O senhor acha a casa limpa? Se tivesse visto antes da guerra!
— Pode ficar conosco durante o dia.
— E se chover?
— Isto não depende de mim. Dei a minha opinião... estas senhoras decidirão.
— Doutor! Se o senhor soubesse que menino ele é! O senhor verá. Lamentará que só tem um como ele. Para o parto eu tive cinco médicos.

Não lhe direi: "A senhora está dizendo bobagens".

Eu disse isto uma vez no hospital, há trinta anos. Esta mãe me respondeu:

— Se fosse rica, seria inteligente já há muito tempo.

A uma outra eu disse:

— Mesmo o Barão Rotschild não dá de comer a seu filho mais que cinco vezes por dia.

— É que seu filho terá o que comer durante toda a sua vida.

— Se a criança precisasse de chá, respondi-lhe, Deus teria providenciado que a senhora tivesse leite numa mama e chá na outra.

— Se Deus desse às crianças tudo que ele pode dar e tudo que elas precisam...

— Se a senhora não me acredita, é só procurar outro médico.

— Não fique zangado, doutor. Como quer que eu confie nos homens quando chego a duvidar de Deus?

Ou então, este tipo de expressão:

— Depois que lhe dei uma surra de deixar as nádegas em fogo para o resto do dia, tive tanta pena que, desculpe a expressão, tive uma caganeira.

Semi vem até a minha cama com uma carta:

— Será que assim vai funcionar?

"Sr. padre da paróquia de Toussaint.

"Reverendo padre, temos a honra de solicitar de vossa benevolência a permissão de frequentar de vez em quando o jardim contíguo à vossa igreja, de preferência aos sábados entre 6h30 e 10 horas da manhã.

"Nós temos muita necessidade de um pouco de ar e de verde. Estamos apertados em casa e sufocamos. Gostaríamos de conhecer um pouco melhor a natureza e tornarmo-nos seus amigos.

"Prometemos não estragar nada.

"Ser-lhe-íamos muito reconhecidos se não rejeitasse o nosso pedido".

Zygmus, Semi, Abrasza, Hanka, Aron.

Que tesouros se perde por não ter a paciência de falar com as pessoas de uma maneira desinteressada, simplesmente para trocar conhecimentos.

Este pedido que inaugura o dia é de bom augúrio. Talvez coletarei hoje mais de cinquenta *zlotys*.

São sete os que dormem aqui separados: o velho Azrylewicz, o decano (*angina pectoris*). Génia (os pulmões, pelo que se acredita), Ania (pneumatose) e de outro lado: Moniek, Régine e Maryla.

Ania diz a Génia:

— É uma loucura o número de sacrifícios que ele fez por ela. Teria dado a vida e tudo que possui neste mundo. E esta vaca não o amava.

— Por que vaca? Alguém é obrigado a amar aquele que o ama?

— Depende de como se ama. Se for apenas um pouco, então, concordo, não é grave. Mas se ele te dá a vida e tudo mais?

— Será que ela lhe pediu?

— Só faltava isto!

— Justamente.

— Não, você está dizendo que é uma vaca.

— Porque ela é.

— Não quero mais falar nisto.

Elas se zangaram.

Estou encantado e contrariado ao mesmo tempo. Uma mistura curiosa de raiva, alegria, inquietude, indignação; ora tenho a impressão de lhes querer bem, ora invoco a cólera de Deus ou a dos homens. Eu julgo: isto é bom, aquilo é mau.

Mas tudo isto apenas em teoria. A pedido. De uma maneira chã, convencionalmente, profissionalmente, como através de um nevoeiro; sentimentos turvos, sem dimensões. Estão ao meu lado, mas não dentro de mim. Posso renunciá-los sem pena, descartar, riscar, suspender, mudá-los.

Este dente pontiagudo me fere a língua. Sou testemunha de uma cena que me indigna, ouço palavras às quais deveria reagir; tusso e não consigo limpar a garganta.

No fim, encolho os ombros: contas feitas, tanto me faz.

Indolência. A miséria dos sentimentos, esta miséria judia cheia de uma resignação infinita: "O que isto pode fazer? Concordo, e depois?"

Minha língua dói. E daí? Se fuzila gente. E daí? Se sabe que vai morrer. E daí? Só se morre uma vez, não é?

Por vezes emociono-me ainda e me admiro. Como se tomasse consciência ou me lembrasse que as coisas são assim, podem ser assim ou o eram outrora. Vejo que é o mesmo para os outros.

Quando revemos alguém depois de longos anos de separação, lemos em seu rosto mudado a nossa própria diferença em relação ao que éramos.

E, contudo, de vez em quando...

Relembro esta cena de rua:

Ao longo da calçada jaz um adolescente, talvez vivo ainda... Ao lado três meninos brincando de "cavalo": correm atrelados às rédeas compridas. Mas como as rédeas se emaranham, os meninos conchavam, tentam desemaranhar, se impacientam, e como o corpo do outro os incomoda, empurram-no com o pé. No fim, um deles:

– Vamos mais longe, ele nos atrapalha.

Afastam-se alguns passos e continuam a debater-se com as suas cordas.

Uma outra lembrança:

Fiscalizo o razoável pedido de custódia de um rapaz, órfão de pai. Na rua Smocza 57, apartamento 57. Duas famílias honestas que não o terão por muito tempo.

– Não sei se ele quererá ir agora ao refúgio. É um bom filho. Enquanto a mãe não morrer, não poderá decidir-se a deixá-la. Não, o rapaz não está, saiu "para procurar trabalho".

A mãe semideitada num sofá:

— Não posso morrer antes de alojá-lo. Ele é tão gentil; ele me diz para não dormir de dia a fim de poder dormir de noite. E à noite ele me diz: por que está gemendo? O que isto pode lhe ajudar? Faria melhor dormir.

Tanto quanto os cocheiros são barulhentos, briguentos e ruins, tantos os puxadores de jinriquixás são quietos e silenciosos. Como cavalos, como bois.

Na esquina das ruas Solna e Leszna vejo um grupo composto de um pequeno indignado, de uma falsa loira, de cabelos ondulados, furiosa, e de um policial que parece espantado e decepcionado. A alguns passos de lá uma senhora elegante contempla a cena com um ar chocado. Parece esperar o desfecho.

O policial, num tom desencorajador:

— É melhor ceder a este moleque, senhora.

E se afasta com passos preguiçosos.

O jovem pergunta então:

— Então é assim, eu sou moleque porque esta senhora se recusa a me pagar?

Ela:

— Pagarei dois *zlotys* se você me acompanhar até a entrada.

— Nós combinamos três *zlotys* e somente até a esquina da rua Ciepla.

Ele vira as costas, se afasta e se acomoda na fila dos jinriquixás.

Dirijo-me à senhora elegante, aflita:

— A senhora sabe o que está se passando?

— Sim, estávamos juntos.

— Quem tem razão?

— Ele. Mas por que prefere perder dois *zlotys* antes que fazer mais cem passos?

— Ele é cabeçudo.
— De fato. Aproximo-me do rapaz:
— O que se passou?
— Nada. Perdi dois *zlotys*. E daí? Não ficarei mais pobre e moleque já sou.

O meu giro diário comportou hoje três visitas diferentes e a cada uma destas visitas eu considerei que era meu dever contar o incidente.

Não poderia fazer de outra forma. Devia a mim mesmo fazê-lo.

Um colega da rua Dzielna (talvez fossem dois), não sem o consenso de uma certa colega que não é da rua Dzielna, denunciaram-me ao Conselho de Saúde como receptador de casos de tifo. A não declaração de um só caso de tifo é passível de pena de morte.

Fui até a repartição da Saúde e obtive um arranjo amigável com promessas para o futuro.

Escrevi duas cartas a dois escritórios diferentes. A primeira para dizer que não podia manter os meus compromissos, a segunda para perguntar o que pretendem fazer comigo e com o meu novo centro da rua Dzielna.

As minhas cartas não eram muito gentis. Oh não, realmente não eram. Contudo, pode-se me taxar levianamente de moleque?

Eu sei, a colega em questão se chama (...).

Desde o momento que ela está zangada comigo e que ela passa por cima por uma peste e uma lepra aos olhos do mundo hospitalar, eu que destes dois fatos só menciono por escrito o último, por que sou moleque?

Que querem de mim?

Uma comerciante, a quem uma freguesa descontente fazia críticas, respondeu:

— Cara senhora, isto aqui não é mercadoria, este lugar não é uma loja e a senhora não é mais cliente que eu comerciante; eu não lhe vendo nada, a senhora não paga nada, pois a senhora concorda, este papel não é dinheiro. Portanto a senhora não perde nada e eu não ganho nada. Quem teria vontade de trapacear hoje em dia? Para que serviria? Mas a gente é obrigada, de qualquer jeito, a fazer alguma coisa, não é verdade?

Se me dessem um missal, conseguiria talvez dizer a missa.

Mas não poderia certamente pregar perante ovelhas que são obrigadas a usar faixas nos braços. Engoliria frases inteiras ao ler nos seus olhos a pergunta: "O que é tudo isto? O que vai acontecer ainda?"

Minha língua endureceria.

As ruas Sliska, Panska, Marianska, Komitetowa. Que lembranças!

Cada casa, cada quintal me lembram minhas visitas noturnas de meio rublo.

Durante o dia deslocava-me para os bairros chiques, entre os ricos, a quem cobrei até três e cinco rublos. Que coragem! Eram os honorários de um Anders[46]. Mesmo Kramsztyk[47] e Baczkiewicz[48] não cobrariam tanto. Eu, um pequeno interno de bairro, a Cinderela do Hospital Berson, tomei-me por um professor de faculdade!

Um grosso volume de lembranças, tudo isto.

Os médicos judeus, com exceção de alguns residentes dos bairros residenciais, não tinham clientela cristã. E mesmo estes pareciam bem orgulhosos de poder anunciar:

46. Ludwik Anders, médico pediatra célebre em Varsóvia.
47. Julian Kramsztyk (1851-1926), médico pediatra, promotor de numerosas sociedades beneficentes.
48. Jan Baczkiewicz, médico pediatra.

"Hoje tenho uma consulta para o comissário do bairro; chamaram-me ao proprietário do restaurante, ao funcionário do banco, ao professor do colégio de Nowolipki[49], de inspetor do correio."

Até isto já era alguma coisa.

Enquanto que a mim, quase diariamente, chamavam-me ao telefone:

"A senhora condessa Tarnowska vos chama; o procurador, o mestre Makowski, a sra. Tygajlo, o sr. Sziszkowski."

Anotei o endereço num pedaço de papel:

"Se permitir, amanhã. Digamos a uma hora, depois do hospital. Que temperatura? A senhora pode dar-lhe um ovo."

Uma vez era a esposa do general Gliczenko em pessoa[50].

Ao lado destes, os telefonemas do capitão Hopper, que me informou até duas vezes por dia sobre a evacuação do seu filho, eram ninharias.

Eis o que eram as consultas do autor do livro *A Criança de Salão*, enquanto o dr. Goldszmit[51] ia ao porão da rua Sliska 52, ou na água-furtada da rua Panska 27.

Os Poznanski chamaram-me uma vez à sua mansão da Alameda Ujazdowski.

Meus clientes se impacientavam, diziam-me, era preciso ir no próprio dia.

— Três rublos, aconselhou-me o dr. Julian, que conhecia Varsóvia toda — eles são muito pão-duros.

Vou.

---

49. Nowolipki, um dos bairros populares de Varsóvia.
50. Esposa do governador russo Gliczenko; este, apelidado "o carniceiro de Varsóvia", tinha contudo a reputação de ser muito culto e falava corretamente o francês.
51. Verdadeiro nome do autor. (N. do T.)

— Queira esperar um instante, doutor. Vou mandar buscar as crianças.

— Saíram?

— Estão brincando no parque, aqui perto. Enquanto esperamos, vamos tomar chá.

— Não tenho tempo para esperar.

— Ah, o dr. Julian toma sempre... O que o senhor está escrevendo agora, doutor?

— Infelizmente só receitas. No dia seguinte:

— Como podia, caro amigo! Indignação, hostilidade. Não liguei o mínimo.

— Ora, ora.

Como interno, tinha o direito a um apartamento e a um ordenado de duzentos rublos anual pagável em quatro vezes. Minha boa mãe gastou quinze rublos pela boa manutenção da minha casa.

A clientela particular me rendia cem rublos por mês, ao que se juntavam alguns centavos dos meus artigos.

Gastava muito com carros de aluguel.

— Como, um carro para ir até a rua Zlotka? Vinte copeques? É um desperdício!

Tratei gratuitamente os filhos dos socialistas, dos mestres-de-escola, dos jornalistas, dos jovens advogados e dos médicos progressistas.

Cheguei a telefonar:

— Só virei à noite. Preciso passar em casa para tomar um banho e mudar de roupa... Tivemos diversos casos de escarlatina. Seria o cúmulo se eu contaminasse seu menino.

O guri!

Este era o lado claro da profissão.

Quanto às sombras...

Eu anunciei ao mundo:

Dado que os médicos velhos não gostam de deslocar-se de noite, sobretudo quando se trata de pobres, eu, médico jovem, estimo que é meu dever vir em socorro todas as noites, onde precisarem de mim.

Socorro rápido, compreendeis. Aliás, como fazer de outro modo? E se a criança não passa da noite?

Os assistentes me declararam guerra, associando-se aos droguistas e às duas farmácias particularmente hostis.

Todos estavam de acordo para considerar-me louco. Louco perigoso. As opiniões divergiam apenas quanto ao prognóstico: é incurável?

Uma noite aparece em casa uma mulherzinha, com uma manta na cabeça. Chovia a cântaros.

– Uma vizinha está doente.

– Trato só de crianças.

– Ela recaiu na infância. Aliás, sei que o senhor não pode ajudar, é uma canseira por nada. Mas os médicos não querem dar atestado de óbito. É uma mãe. O senhor sabe, sem médico!

Vou.

– Desculpe, eu não sabia que o senhor só tratava de crianças. Foi o atendente Blucharski que me encaminhou ao senhor. É um judeu, mas um homem decente. Ele me disse: "Minha senhora, eu seria obrigado a cobrar um rublo porque é uma visita noturna. Mas no hospital há um médico que virá por nada e ainda deixará dinheiro para os remédios".

Eu era cabeçudo e assinava as receitas sem o "dr.", doutor. Dizia-se:

– Não conhecemos médico com este nome; deve ser um atendente.

– Não... ele é médico em um hospital.

Então anotaram:

"Medicamento prescrito pelo doutor NN (leia-se: medicamento ilegítimo, como se diz 'filho ilegítimo'").

Eu pedi em todo caso vinte copeques pela visita porque está no Talmud que um médico que não se faz pagar não pode ajudar um doente.

Na maior parte do tempo, os meus pacientes me divertiam. Gente gozada. Acontece, contudo, que às vezes fazem-me perder a paciência.

Uma noite no hospital. A ambulância traz uma criança gravemente queimada.

– Que é que o senhor acha?

– Não acho nada. É tarde demais.

– O meu filho não é qualquer um. Sou comerciante, proprietário de uma casa. Posso pagar.

– Peço-lhe que não grite. Saia, senhor, o senhor acorda os doentes.

– Que diferença isto me faz?

Chamo o atendente, pega-se o homem pelos ombros e... na escada! A cama com a criança vai no andar térreo, no dispensário.

– Aí está o telefone, o senhor tem a liberdade de chamar a metade dos professores de Varsóvia.

– Eu me queixarei aos jornais. Farei com que retirem o seu diploma!

Uma noite estragada.

Um outro caso:

Seis da manhã. Alguém entra no meu quarto.

– É para uma criança.

Estava dormindo depois de uma noite de trabalho.

– O que é que ela tem?

– Complicações de escarlatina.

– Quem está tratando do caso?

– Diversos médicos.

— Chame então estes médicos.
— Mas é o senhor que quero? Posso pagar.
— Não me desloco de noite.
— Às seis da manhã, para o senhor é noite?
— Sim.
— Não vem então?
— Não, eu não vou...
Batendo a porta, ela me lança à guisa de adeus:
— Sujeito aristocrata. Perdeu três rublos. Pior para ele.

Tudo que ela teria dado seria cinco copeques, mais três "para o zelador". Ela acredita ter-me castigado: ele agora não vai poder dormir, ele se morderá os dedos.

Teria perdido três rublos.

Sim, as ruas Panska, Sliska eram a minha pátria.

Abandonei o hospital pelo Orfanato. Guardo sentimento de culpa.

Saí a primeira vez por imposição (a guerra).

Uma segunda vez, por um ano (Berlim).

Uma terceira vez, apenas por seis meses (Paris).

Para as luzes, para o saber.

E depois, no momento quando já sabia que não sabia nada e porque não sabia nada, quando, enfim, eu podia não causar mal ao doente, eis que largo para o desconhecido.

O hospital me deu tanto e eu, ingrato, dei-lhe tão pouco. Que deserção vil! A vida me castigou por isto.

Ontem fui à rua Grzybowska no nº 1 para fazer um levantamento. Aí assassinaram um policial judeu: teria colaborado com traficantes.

— Este não é lugar para comércio atacadista, explica um vizinho.

A loja está fechada.

As pessoas têm medo.

Ontem, em frente da entrada, cruzei com o ajudante do zelador.

— O senhor não se lembra de mim, doutor?

— Espere... oh, sim, é Szulc!

— O senhor me reconheceu.

— Como não. Lembro-me muito bem de você. Venha, você vai me contar.

Sentamos nos degraus da igreja.

Rua Grzybowska, meu Deus! Foi aí que fuzilaram Sobotka em 1905.

Duas lembranças se cruzam. Bula tem já quarenta anos. Não há muito tinha dez.

— Tenho um filho. Não gostaria de passar em casa? Tomaria uma sopa de repolho e veria o menino.

— Estou cansado. Volto para a casa.

Batemos papo um quarto de hora, meia hora.

Escandalizados, os católicos, com faixas nos braços, olham-nos discretamente. Eles me conhecem.

Korczak em companhia de um traficante, em pleno dia, nos degraus da igreja! Parece que não vai muito bem entre as suas crianças. Mas por que com tanta ostentação? Por que toda esta imprudência?

Uma provocação. Se um alemão visse isso, o que pensaria? Decididamente, aos judeus não falta audácia. Isto acaba sendo provocante.

E neste ínterim Szulc continua a abrir o coração:

— De manhã ele bebe um grande copo de leite e come um pãozinho com vinte gramas de manteiga. Custa caro.

— Por que lhe dar tanto?

— Para que ele saiba que tem um pai.

— Ele é moleque?
— Acontece. Não é meu filho?
— E tua mulher?
— Ela é muito boa.
— Vocês brigam?
— Há cinco anos que vivemos juntos, não gritei com ela uma única vez.
— Você se lembra ainda?
Um sorriso ligeiro como um sopro de vento.
— Penso muitas vezes no Orfanato. Chego a sonhar com o senhor e com a sra. Stefa.
— Por que você nunca veio nos visitar?
— Quando as coisas andavam bem, não tinha tempo. E quando andavam mal, para que aparecer sujo e esfarrapado?
— E Lejbus, você nunca mais o viu?
— Não.
Ele me ajudou a levantar. Abraçamo-nos com calor e cordialidade.

Demais honesto para ser *gangster*. Ou talvez tenha sido o Orfanato que colocou nele a boa semente e podou os galhos que causavam dano ao seu crescimento. Quando me acontecia pensar nele, dizia para mim mesmo que ele ou se tornou muito rico ou não estava mais neste mundo.

— Tenho um sócio. É rico.
— Ele te ajuda um pouco?
— Conforme. Uma ninharia de vez em quando.

Como as horas passam depressa! Há pouco era meia-noite e agora já são três horas. Tenho um convidado na minha cama.

O pequeno Mendel teve um sonho ruim. Transportei-o para a minha cama. Ele acariciou o meu rosto (!) e adormeceu.

Agora, ouço-o remexer-se. Não deve estar muito bem na minha cama.

— Você está dormindo?

— Pensei que estava no dormitório.

Ele me olha com olhos parecidos com bolinhas móveis, como um macaco.

— Você estava no dormitório. Quer voltar agora?

— Estou incomodando o senhor?

— Você pode dormir do outro lado. Vou te trazer um travesseiro.

— Está bem.

— Agora vou escrever. Se você tiver medo, volte.

— Está bem.

Mais um filhinho. O mais novo dos Nadanowski.

Parece que Jacó escreveu um poema sobre Moisés. Se não o leio hoje, ele pode se zangar.

Gosto de ler o seu jornal e também o de Moniek. É um prazer misturado com tristeza. Embora não sejam da mesma idade e que representem dois tipos de inteligência e dois estilos de vida completamente diferentes, eles se parecem estranhamente pela sua sensibilidade.

Eles fazem parte de um mesmo espaço claro, de um mesmo nível moral.

Ontem ventou muito, eram nuvens de poeira. Os transeuntes piscavam os olhos e se protegiam com as mãos.

Penso nesta cena de minha viagem num navio: uma menina em pé na ponte. Como pano de fundo um mar cor de esmeralda. Uma violenta lufada de vento. A pequena esconde os olhos atrás das mãos e cerra as pálpebras. Depois, curiosa, entreabre... Admiração! Vento limpo, pela primeira vez em sua vida! Sem poeira que faz tanto mal aos olhos. Ela experimentou duas vezes antes de acreditar completamente, posando suas mãos na balaustrada. O vento acariciava-a e alisava-lhe os cabelos. Abria bem os olhos admirados e sorriu com um sorrisinho acanhado.

– Pois existe um vento sem poeira e eu não sabia. Ignorava que há ar puro no mundo. Agora eu sei.

Deixando o Orfanato, um rapaz disse-me:

– Sem esta casa eu nunca saberia que existe gente honesta que não rouba ninguém. Nunca teria sabido que é possível dizer a verdade. Nunca teria sabido que existe leis justas nesta terra.

Eis o programa para este domingo:

De manhã: rua Dzielna, 39; passar no caminho para ver Kohn.

Recebi um aviso de condenação, relativa à minha retenção[52]. Uma multa pagável em prestações de quinhentos *zlotys* por mês. A carta chegou ontem de manhã, mas é datada de março. Até este dia (1º de abril) eu devia já ter pago a soma de mil e quinhentos *zlotys*. Em caso de ultrapassar o prazo, a

---

52. Em outubro de 1940 os alemães deram ordem a todos os judeus de Varsóvia de se reunirem dentro dos muros do gueto. O Orfanato, situado na extremidade da rua Krochmalna, se acha no lado ariano. O pedido de revogação de Korczak é rejeitado. É preciso mudar, Korczak conclui então um acordo com a escola cristã Roesler que ficou do lado "judeu"; as duas escolas vão permutar os imóveis; o mobiliário ficaria no lugar, cada um se comprometendo a cuidar das coisas do outro até o fim da guerra. Durante a mudança os alemães confiscaram a Korczak uma camioneta com batatas. Ele vai imediatamente reclamar na sede da Gestapo. Em uniforme de oficial polonês e sem braçadeira (com a estrela de Davi), ele foi recebido com certo respeito. O escândalo estoura quando os alemães descobrem que ele é judeu. Moído de pancadas, Korczak é transportado à prisão do gueto, chamada "Pawiak". Ele sai graças à fiança paga por seus antigos alunos. Depois da sua liberação ele é condenado em março de 1941 a pagar ainda três mil *zlotys* pela "não observação dos regulamentos da autoridade alemã sobre os judeus". (N. do T.)

soma é exigível por inteiro, três ou cinco mil *zlotys*, não me lembro mais.

Trata-se de fazer com que eles aceitem a minha caderneta de poupança, ou seja, três mil *zlotys*. Foi o que eu lhes propus, durante o interrogatório, na Alameda Szucha, quando me perguntaram se a comunidade estava disposta a pagar uma fiança por mim.

– Você não quer que a comunidade pague por você?
– Não.

Aí é que eles tomaram nota que eu dispunha de uma conta de poupança de três mil *zlotys*.

Várias semanas decorreram, todas ricas em eventos.

Não escrevi nada durante este período porque Henri[53] estava doente – um bom pretexto para dizer que não tinha mais ninguém para bater a máquina as minhas efusões noturnas.

Por mais estranho que isto possa parecer, eu acreditei realmente, enquanto sabia que diversos rapazes podiam substituí-lo facilmente.

Isto não teria acontecido se eu escrevesse regularmente, todos os dias. Como durante a guerra. Para *Como Amar uma Criança* eu sabia como aproveitar a menor parada.

Em Jeziorno, Walenty teve um movimento de revolta:
– Vale a pena realmente para meia hora?

Mais tarde, em Kiev, eu fiz bonito também: todos os dias sem exceção.

E agora? Chego ao fim do caderno e já é momento de parar. Apesar de que dormi bastante e bebi quatro xícaras de café bem forte, mesmo que não fosse mais que borra de café...

[53]. Henri Arzylewicz, pupilo de Korczak, empregado no escritório do Orfanato. (N. do T.)

Desconfio, aliás, que tenham adicionado café moído verdadeiro e não utilizado.

Trapaceiam comigo e eu trapaceio também: não tenho mais papel. Vou ler *Jacques le Fataliste* de Diderot.

Pela primeira vez quase esqueci que estou vivendo o meu décimo setenal: 7 × 9.

O meu segundo setenal me encheu de uma grande inquietude. Foi nesta época que devo ter ouvido falar disto pela primeira vez.

Os sete dos boêmios, os sete dos dias da semana. Porque não dez, símbolo das primeiras vitórias desta idade (os dez dedos das mãos)?

O relógio ia soar meia-noite e eu esperei este instante com grande angústia: qual seria esta mudança?

Falava-se na época de um caso de hermafroditismo. A não ser que me engane sobre o ano. Estava muito angustiado com a ideia de acordar mudado para menina. No caso de tal coisa acontecer, tomei a decisão de escondê-la a qualquer preço.

Gepner: 7 × 10; eu 7 × 9. Percorro a minha vida em pensamento para perceber que foi no decorrer do meu sétimo ano que tomei consciência do meu próprio valor: eu sou; a minha presença conta; me veem; eu posso; eu serei.

Catorze anos: olho em volta de mim, eu distingo, eu vejo... Os meus olhos deviam se abrir e eles se abrem. Primeiras ideias relativas à reforma educativa. Leio. Primeiras inquietudes, primeiras nostalgias. Sonho ora com grandes viagens e aventuras, ora com a vida em família e amizade (amor) com Stasio. E, dentre todos estes sonhos, aquele que sempre volta, com obstinação: um lugarejo, lá onde ele será padre e eu médico. O amor ocupou também os meus pensamentos. De sete a catorze anos eu estava o tempo todo enamorado, cada vez por uma menina diferente. Há as que ainda permanecem na minha memória: as duas irmãs da pista de patinação, a prima de Stasio (o seu avô era italiano), ainda aquela outra menina que estava de luto e também Zosia Kalhorn, Aniela, Irenka de Naleczow... e esta Stefa para quem ia colher flores nos canteiros que cercavam a fonte do jardim de Saski. Ou a pequena equilibrista cujo infortúnio fez-me verter lágrimas. Amava na mesma semana, no mesmo mês... até duas ou três meninas ao mesmo tempo. Queria uma para irmã, outra para esposa ou amigo desta última. A minha paixão por Mánia, cujo começo se situa no decorrer do décimo-quarto ano da minha vida (em Wawer, no verão) fazia parte deste (...) de sentimentos que, alternativamente, acalentaram ou agitaram meu coração. O mundo interessante não eram mais os outros, eu o tinha daí em diante em mim mesmo. Eu existia não para ser amado e admirado, mas para agir e amar a mim mesmo. Não se tratava mais de ser protegido pelos meus, mas de um dever de tomar conta do mundo e do homem.

3×7. Depois da escola e da tomada de consciência religiosa que corresponderam aos meus sétimo e décimo quarto ano respectivamente, veio o exército para marcar o começo do meu terceiro setenal. E sempre este mesmo sentimento de estreiteza. Sufocava já na escola. Aos vinte e um anos sufocava simplesmente. Desejo de me lançar à conquista de um novo espaço.

(Talvez seja o 22 de junho que me sugere tais pensamentos: a partir desta data os dias encurtam três minutos em cada 24 horas. Imperceptível mas inexoravelmente cada vez menos três minutos de dia. Eu compadeci a velhice e a morte; agora que sou menos seguro de mim, começo a temer por mim mesmo. É preciso ter construído e conquistado muito para ter algo a perder. Esta é a época em que o dentista pode arrancar um primeiro dente, destes que não nascem mais. Você não se revolta contra as condições sociais, mas contra as leis da natureza. Ajoelha, mira, fogo!)

4 × 7. Necessidade de funcionar de maneira eficaz em seu próprio terreno, bem delimitado. Quero adquirir um saber e capacidades. Acabar com a preguiça, com os erros. Por que não seria eu um bom médico? Estou em vias de construir o meu próprio ideal. Recuso obedecer às autoridades reconhecidas. (Enfim, as coisas não se passaram assim. Acontece ainda hoje eu me sentir jovem, fazer um monte de projetos... E dizer que durante o meu segundo e principalmente terceiro setenal eu já podia me sentir tão velho, tão desalentado, sem esperanças. É verdade que a vida parece com uma chama: ora enfraquece, embora haja combustível, mesmo que em pequena quantidade mais que suficiente; ora, quando se pensa que está prestes a se apagar, ela reaviva, toda clara, lançando feixes de centelhas. Mas para também se consumir mais rapidamente. Pode fazer muito calor em certos dias de outono e um frio glacial numa bela manhã de verão – sempre com este sentimento que é um dia excepcional, talvez o último...)

5 × 7. Eu ganhei, contudo, na loteria da vida. O meu número saiu: fui reembolsado de meu lance. Podia perder, é verdade. Perdi, todavia, a chance de tirar o grande prêmio, de ganhar muito. É pena. Recupero o que havia jogado. Sem risco. Mas nenhuma excitação. Cabelos grisalhos, pesares.

A solidão não é sofrimento. Gosto das minhas recordações. Quando encontro um colega de escola, é sempre agradável passar um momento em sua companhia, em volta de uma xícara de café, num lugar tranquilo onde ninguém vem nos incomodar. Não procuro um amigo porque sei que não o acharei. Não desejo saber mais do que seja possível saber. Assinei um tratado de paz com a vida: nós não nos incomodaremos mutuamente. Para que serve brigar? Seria indigno de nós e completamente inútil. Na política se fala, parece-me, de zonas de influência. Daqui até lá; não mais longe; não mais alto. Isto é meu, aquilo é teu.

6 × 7. E se já fosse o momento? Depende. Façamos um balanço. Crédito, débito. Se fosse somente possível saber quantos anos temos ainda, quando será o fim. Não sinto ainda a morte em si, mas penso nela. Não digo ainda ao alfaiate que me faça um terno: este é o último, mas este armário, e esta escrivaninha me sobreviverão. Não espero mais grandes surpresas. Haverá ainda alguns invernos mais ou menos suaves, alguns verões mais ou menos frios e chuvosos. E ventos frescos que fazem bem e borrascas e tempestade que levantam nuvens de poeira. Uma ocasião para dizer ainda: faz bem uns dez ou quinze anos que não vi um aguaceiro assim. Ou ainda: lembro-me de um incêndio como este; eu era então muito jovem, devia ter uns... espere, não sei, estava ainda no colégio ou já na faculdade?

7 × 7. O que é a vida ao certo? O que é a felicidade? Oh, se as coisas pudessem permanecer o que são! Tudo o que se pede é que não sejam piores. Sete e sete, que belo encontro! Cumprimenta-se, fica-se contente sejam quais forem o momento e as circunstâncias. Tomemos um jornal. Será pseudoliteratura? Só na aparência. Aliás que diferença isto faz já que não se pode dispensá-lo. O editorial, a continuação do folhetim, os avisos fúnebres, as críticas das peças teatrais e dos filmes novos, um processo, anúncios classificados, fatos diversos. Encontra-se de tudo. Não é que tudo seja realmente interessante, mas você tem a escolha. Um acidente de bonde, uma invenção: você saberá o nome da vítima, do inventor; a um tal roubaram o casaco de peles, um outro foi condenado a cinco anos de prisão. Se vende, se compra, se aluga: um piano, uma máquina de costura, uma de escrever, um apartamento de três cômodos com conforto. A vida corre, diria eu, como o Vístula quando atravessa, majestoso, a cidade de Varsóvia.

Minha cidade, minha rua, a loja onde faço todas as compras, meu alfaiate e sobretudo o lugar do meu trabalho.

Contanto que tudo isto fique imutável. Pois se se pudesse dizer ao sol: "Para de girar" é agora que precisaria dizer. (Existe um tratado sobre *O Período Mais Feliz da Vida*. Deve-se a Karamzin[54], quem diria? Era o nosso maior tormento na Escola Russa.)

7 × 8. Como estes anos fugiram depressa! Justamente, pois se trata mesmo de uma fuga. Ontem ainda estava no 7 × 7. Contudo, nada se ganhou, nada se perdeu. A diferença parecia enorme entre o sétimo e do décimo quarto ano, depois entre o décimo quarto e o vigésimo primeiro. E agora: entre o seu dos 7 × 7 anos e o eu dos 7 × 8 não faço nenhuma distinção.

Não queria ser mal compreendido. A identidade perfeita não existe, mesmo entre duas folhas, duas gotas ou dois grãos de areia. É o mesmo com o homem idoso: um será mais ou menos calvo, outro mais ou menos encanecido; para um serão os dentes postiços, para outro somente as coroas; um usará óculos, outro não ouvirá muito bem; para outro ainda o tamanho do corpo que fará a diferença. Mas eu falo aqui dos ciclos setenais.

Eu sei, poder-se-ia dividir a vida em períodos quinquenais e as contas seriam certas da mesma forma. Há também, certamente, as condições de vida: a riqueza, a pobreza. O sucesso, as preocupações. Certamente há a guerra, guerras, catástrofes. Ainda que tudo seja relativo. Uma senhora disse-me um dia: "A guerra me acostumou com muitas facilidades. Era difícil voltar à vida normal". E mesmo a nossa guerra de hoje acostuma mal muita gente. Acredito, entretanto, que não há um só homem que não se sentirá atingido em sua saúde, nas suas forças, em sua energia por estes famigerados 7 × 8 e 7 × 9.

---

54. Nicolas Karamzin (1766-1826): historiador e escritor russo; o seu manual *História da Rússia* era imposto em todos os colégios poloneses antes de 1914.

Que sonhos horrorosos tenho neste momento! Ontem eram os alemães e eu, sem braçadeira, em Praga[55], na hora do toque de recolher. Acordo. Um novo sonho: um trem, estão me transferindo a um compartimento, de um metro por um metro, onde já estão vários judeus. Esta noite sonhei de novo com mortos: cadáveres de crianças; um numa tina, outro esfolado vivo, no necrotério sobre um catre, ainda respirando. Um novo sonho: estou no alto de uma escada instável enquanto meu pai não para de introduzir na minha boca grandes pedaços de pão doce com passas. O que não entrou na minha boca, ele enfiou, todo esfarelado, no bolso.

Acordei no momento quando o perigo parecia o maior. A morte não será este tipo de acordar na hora em que se acredita que não há mais saída possível?

"Deve-se achar sempre cinco minutos para morrer", eu li em algum lugar.

Verão. Rua Dzielna, 39. Restrições.

Quando a décima pessoa vem importunar-me a respeito de bombons e pães doces, chego a ter crise de raiva. Eles não têm realmente outros problemas além do pão doce!?

Ontem era a volta do hospital do rapaz que teve de amputar uma perna devido a congelamento. Um acontecimento. Cada um julga o seu dever informar-me. A burrice pode causar muito mal. Eu sairei dessa, mas este rapaz, o herói do dia?

Parece que não há suficiente histeria no ar.

A balança e o termômetro – os meus dois informantes e conselheiros, sempre tão razoáveis, tão equilibrados, tão objetivos – decepcionaram-me.

Não acredito mais neles. Até eles mentem aqui.

55. Praga: bairro popular de Varsóvia.

Diz-se:

Primeiro grupo, segundo grupo, terreno A, terreno B, terreno C. Diz-se: uma ala (a ala esquerda ainda não almoçou). Diz-se: terreno U, terreno I. Depois, alternativamente, os rapazes e as meninas do grupo A...

Um acaso, restos históricos ou vontade de intimidar ou atordoar o visitante.

É difícil se posicionar.

Temos aqui "homens": carroceiro, porteiro, *office-boy*, zelador. Temos manutencionistas, empregadas domésticas, faxineiras, educadoras e a partir de hoje temos um profissional em higiene. Temos responsável de setor, de andar, de corredor e, sem dúvida, de chaves. Na prisão isto me deixou indiferente, aqui incomoda.

É difícil se posicionar.

Há os que vêm de manhã ou à tarde ou de noite; há os que são doentes, convalescentes, substitutos, com aviso prévio, de saída, de licença.

Quem e o quê, é impossível saber.

Ela me olha com um ar assustado e responde: "Não sei

Há dez anos que ela trabalha aqui, mas age como se tivesse acabado de chegar. Parece que eu lhe peço alguns dados precisos sobre o Polo Sul ou sobre o Equador.

Ela não sabe. Ela só faz o seu trabalho.

Única solução: não se imiscuir, não tomar conhecimento das atividades deste cortejo de cem cabeças.

As crianças?

Infelizmente, não só isto! Há também a escória, a carcaça, o detrito.

Peguei-me na trapaça: dou a estes apenas uma colher meio cheia de óleo de fígado de bacalhau. Penso que no seu túmulo crescerá urtiga e outras ervas daninhas, mas certamente não flores, nem legumes. Impossível!

Tenho a impressão que nos enviou somente o refugo, quer se trate de crianças, quer do pessoal. Todos aqueles que os outros institutos de vocação similar à nossa não querem mais.

Fula, um animalzinho débil e ruim, que mandamos embora do Orfanato, acaba de aportar aqui. Eu disse ao soldado alemão, que veio para intervir em seu favor, que eu estava pronto a pegar no fuzil dele e fazer a sentinela em seu lugar se ele quisesse substituir-me na direção do Orfanato onde um Fula seria de novo pensionista.

Foi sua mãe quem a colocou aqui.

O pessoal.

Um limpador de chaminés deve ser preto de fuligem.

Um açougueiro deve estar coberto de sangue (assim como um cirurgião, aliás).

Um trabalhador que limpa cloacas deve cheirar mal.

Um garçom de bar deve ser esperto. Senão, azar é dele.

Eu me acho sujo, coberto de sangue, cheirando mal.

E esperto, pois ainda vivo, quer dizer durmo, como e chego até a fazer brincadeiras.

Convidei para o debate:

Brokman, a sra. Heller, Przedborski, Gantz-Kohn, Lyfschitz, Mayzner, sra. Zand[56].

---

56. Nomes de médicos judeus, todos amigos e colaboradores de Karczak.

Precisamos de um conselho: água com adição de cálcio. Certo. Que mais?

Terminada uma vez a guerra, as pessoas não poderão, por muito tempo, olhar-se nos olhos sem ler aí esta pergunta: Como é que você ainda está aqui? O que você fez para sobreviver?

Querida Anka[57]...

1. Não, eu não faço visitas. Eu vou mendigar dinheiro, alimento, notícias, conselhos, indicações úteis. Se você chama isto de visita, saiba que é um trabalho duro e humilhante. No entanto preciso fazer cara bonita, pois as pessoas não gostam de ver fisionomias sombrias.

Passo amiúde na casa dos Chmielarz. Eles me dão de comer. Não são visitas tampouco. Para mim, isto é caridade, para eles é uma troca de serviços. Mas isto também me cansa às vezes, apesar do ambiente amistoso e tranquilizante desta casa.

Até a leitura deixa de ser para mim um relaxamento. Sintoma perigoso. Estou louco e começo a preocupar-me com isto. Não queria acabar completamente idiota.

2. Mandei os quinhentos *zlotys*. Se estou ameaçado, não é deste lado. Confiei o caso a um amigo fiel e influente – um advogado experimentado. Não faço nada sem consultá-lo.

3. Vou ver o chefe do Departamento Pessoal. Isto não é negligência – não se pode negligenciar um caso que não existe. Eu não fui julgado por saber o que disse, prometeu ou decidiu sra. Stefa, pois ninguém me falou disto. Eu respeito um segredo.

---

57. A irmã de Korczak.

4. De acordo com a minha humilde opinião, eu dou conta de todos os meus deveres na medida do possível. Não recuso nunca nada que estivesse dentro das minhas possibilidades. Não prometi proteger os Polikier; esta censura, pois, é injustificada.

26 de junho de 1942
fim da primeira parte

Reli os meus escritos. Tive dificuldade de compreender. E o meu leitor?

Que um diário seja incompreensível para aquele que não é o autor, nada mais natural. Como compreender, de fato, a vida, as lembranças de um outro que não si mesmo?

Mas eu, eu deveria decifrar facilmente o que eu mesmo escrevi? Ah, pode-se compreender as suas próprias reminiscências?

Slowacki[58] legou-nos as cartas que escreveu à sua mãe. Elas são o reflexo fiel destes anos da sua vida quando se achava sob a influência de Towianski. Um documento precioso sobre a sua evolução...

Em um dado momento perguntei a mim mesmo:

"E se escrevesse este diário sob a forma de cartas à minha irmã?"

A frieza, o tom falsamente destacado, o orgulho desta primeira carta que lhe dirigi em resposta à sua.

E aí está agora:

"Meu caro..."

....

Que mal-entendido doloroso!

---

58. Juliusz Slowacki (1809-1849): poeta romântico polonês, criador do teatro dramático moderno da Polônia. (N. do T)

Proust seria prolixo e pedante?

Nunca.

Pois cada hora da vida representa um grosso caderno, uma hora de leitura.

Sim, isto mesmo.

É preciso ler um dia todo para compreender alguma coisa da minha jornada. E assim, semana por semana, ano por ano.

E nós gostaríamos de reviver em apenas algumas horas, ao preço destas algumas horas, toda uma longa vida de alguém?

Seria fácil demais. Você não poderá conhecer, e ainda em um resumo pouco legível, sob a forma de um esboço indolente, a não ser um episódio sobre mil, sobre cem mil episódios de uma vida.

Estou escrevendo estas palavras em classe, numa aula de hebraico.

Penso repentinamente em Zamenhof[59]. Oh, o ingênuo, o audacioso, ele queria corrigir um erro de Deus, um erro que era talvez apenas um castigo, tentando reunir de novo todas as línguas outrora separadas e misturadas.

Olá, mais devagar!

É que não se trata de unir, mas separar ainda, separar sempre.

Senão que fariam os homens?

Enfim, precisa preencher o seu tempo, dar-lhes uma ocupação, fixar um alvo na vida.

"Ele fala três línguas. Está aprendendo uma língua estrangeira. Já conhece cinco línguas."

Eis dois grupos numerosos de crianças que renunciam aos jogos, aos livros fáceis, às conversações entre amigos: eles aprendem hebraico por vontade própria.

---

59. Lejzer Ludwik Zamenhof (1859-1917): médico e linguista polonês de origem judia, criador do esperanto. (N. do T.)

Ao cabo de uma hora que marcava o fim da aula para o mais jovem dos grupos, um deles se admirou muito:

— Como, já?

Tak. Em russo: *da*; em alemão: *ja*; em francês: *oui*; em inglês: *yes*; em hebraico: *ken*. Isto chegaria a preencher não uma, mas três vidas.

SEGUNDA PARTE

Hoje é segunda-feira. Das oito às dez, conversa semanal com a "bolsa"[1]. A entrada é franca: todos podem assistir com a condição de não perturbar.

Eis os assuntos que me propuseram:
1. A emancipação da mulher.
2. A hereditariedade.
3. A solidão.
4. Napoleão.
5. O que é o dever?
6. A profissão do médico.
7. O diário de Amiel[2].
8. Algumas lembranças pessoais minhas.
9. Jack London.
10. Mendel.

1. "Bolsa": além dos educadores que trabalhavam tempo integral, havia no Orfanato um certo número de estagiários, todos estudantes, que em troca de quarto e comida dedicavam parte do seu tempo às crianças do Orfanato. Cada semana Korczak organizava para eles reuniões-debates.
2. Henri Frédéric Amiel (1821-1881): escritor suíço de expressão francesa.

11. Leonardo da Vinci.
12. Fabre[3].
13. Os sentidos e o espírito.
14. O gênio e o seu meio (as influências recíprocas).
15. Os enciclopedistas.
16. Escritores diversos e seus métodos de trabalho.
17. O sentimento de pertinência nacional. O cosmopolitismo.
18. Simbiose.
19. O mal e o ódio.
20. A liberdade. O destino e o livre-arbítrio.

Na época quando redigi a *Pequena Revista*[4], somente dois assuntos pareceram interessar aos jovens: o comunismo e a sexualidade.

Anos ignominiosos, vis de covardia, de putrefação moral. Época maldita de pós-guerra, época de mentiras e da hipocrisia.
Esses que tiraram toda vontade de viver.
Lama. Lama fedorenta.
Depois veio o tempo da tempestade. A atmosfera se purificou, a quantidade de oxigênio aumentou: pôde-se respirar mais profundamente.

---

3. Jean-Henri Fabre (1823-1915): entomologista francês.
4. *A Pequena Revista:* jornal infantil feito por crianças, fundado por Korczak em 1926. Redator-chefe até 1936, Korczak publicou aí as cartas das crianças, sem modificá-las, exceto a ortografia. Ele exigiu para os seus duzentos correspondentes regulares um estatuto e um salário de jornalista. Depois de 1936 Korczak confiou a redação do jornal ao seu secretário, Igor Newerly.

Dedico a Simon Jakubowicz[5]
este pequeno conto do ciclo

COISAS ESTRANHAS

Chamemos este planeta Ro e a ele o professor ou o astrônomo, como queiram. E chamemos ainda de atelier o lugar do planeta Ro onde o Professor Zi efetua as suas experiências.

O nome do seu instrumento parece um pouco extenso em nossa linguagem imperfeita: "astropsicomicrômetro", isto é, instrumento para medir os menores movimentos do espaço estelar.

Para falar com termos utilizados por nossos observatórios terrestres, dizemos que o Professor Zi se serve de um telescópio sonoro cujo zunido lhe indica o que passa nos diversos pontos do universo, ou talvez de uma tela fluorescente sobre a qual ele projeta as imagens do cosmos, ou ainda de um tipo de sismógrafo que anota as vibrações cósmicas.

Pouco importa, aliás.

O essencial é que o professor do planeta Ro está em condições de regular a energia psíquica e de mudar os raios térmicos em raios espirituais ou mais exatamente em raios morais.

Perfeitamente. Admitindo, naturalmente, que chamemos de moralidade a harmonia dos sentidos e o equilíbrio dos sentimentos.

Arrisquemos ainda uma comparação a propósito desta instalação: uma rádio que ao invés de canto, música e comunicados de guerra transmitiria raios de equilíbrio espiritual da vida das estrelas, sendo que o nosso sistema solar é apenas um componente entre outros.

Raios de equilíbrio e de serenidade.

---

5. Simon Jakubowicz, um dos alunos preferidos de Korczak, grande admirador de contos. (N. do T.)

Eis, pois, o Professor Zi com os olhos fixos no aparelho. Ele parece preocupado.

"A nossa centelha inquieta, a Terra, está ainda cheia de efervescência: desordens, angústia... Decididamente, os sentimentos negativos triunfam ali sobre os outros. Como a sua vida é pobre, dolorosa e impura! As suas desordens perturbam o curso do tempo e o equilíbrio dos sentimentos.

"A agulha se mexeu ainda agora: a curva do sofrimento está subindo.

"Um, dois, três, quatro, cinco."

O astrônomo Zi franze as sobrancelhas.

"Devo interromper este jogo inconsciente? Este jogo sangrento? Nas veias dos habitantes da Terra circula sangue e os seus olhos estão cheios de lágrimas. Quando sofrem, começam a gemer. Será que não querem ser felizes? Ou talvez procurem a felicidade, mas não conseguem achá-la? O ar aí é sombrio, sopra o furacão, levantando nuvens de poeira que cega."

A agulha não para de registrar abalos sempre novos.

"Mal utilizado, o ferro se torna ferramenta de castigo. No entanto é capaz de guiar o espírito em direção à novas conquistas; educa e inicia.

"Em sua centelha longínqua, eles têm grande reservatórios de água; a partir de árvores assassinadas, eles construíram casas que flutuam e são reforçadas com ferro. Esforço admirável! Insuportáveis, fracos, mas muito dotados. Só lhes faltam as asas. O voo alto e a extensão dos oceanos causam-lhes vertigem ainda."

Bzzz... Bzzz...

"Em vez de alegrar os seus corações com cantos, com esforço feito em comum, em vez de tecer juntos o seu trabalho, eles embaraçam e rasgam os fios e os cortam.

"Que fazer? Parar tudo isto seria impor-lhes uma direção para a qual não cresceram bastante ainda, obrigá-los a esforços que ultrapassam as suas forças, fixar-lhes tarefas que a sua razão é incapaz de compreender. Não é o que eles vivem, mais ou menos, agora? A escravidão, a imposição, a violência, tudo embaraça, exaspera, fere."

O Professor Zi suspira. Fecha os olhos e apertando a ponta do astropsicomicrômetro sobre o peito, continua escutando.

O planeta Terra está em plena guerra. Incêndio, escombros, campos devastados. Será o homem, a quem se confiou a responsabilidade pela Terra e seus produtos, ignorante a este ponto? Mas talvez ele compreenda tudo e prefira guardar a sua ciência para ele mesmo?

Acima do planeta Ro (ou talvez Lo) o espaço é preenchido com o azul celeste, com o doce perfume do lírio do vale e do vinho. Como a neve, os sentimentos alados volteiam aos sons de cantos doces e puros.

É que a nossa Terra é muito nova ainda. E, como se sabe, os esforços do começo são sempre mais dolorosos.

Alguns excertos dos jornais que eles me trazem:
Marcel:
"Achei um canivete. Darei 15 *groszys* aos pobres. Prometi."
Szlama:
"Uma viúva fica em casa chorando. O seu filho maior faz o mercado negro; ele talvez lhe traga alguma coisa. Ela não sabe que o filho acabou de ser morto por um policial... Mas logo vai tudo melhorar, sabe?"
Simon:
"Meu pai lutou por um pedaço de pão. Ele era muito ocupado o dia todo, mas isto não o impediu de querer-me bem." (Seguem duas lembranças comoventes.)
Natek:

"O jogo de xadrez foi inventado por um sábio persa ou por um rei."

Mietek:

"Este livro de orações que quero encadernar é uma lembrança do meu irmão, já morto. Foi um outro irmão, que vive na Palestina, que lhe deu no dia de sua confirmação."

Leon:

"Eu precisaria de uma caixa para arrumar as minhas lembranças. Hersz quis me vender uma caixa envernizada por 3,50 *zlotys*." (Uma história muito embrulhada.)

Szmulek:

"Comprei pregos por 20 *groszys*. Amanhã terei grandes despesas."

Abu:

"Se ficar um pouco mais tempo na privada, eles me acusam logo de egoísta. E eu queria que gostassem de mim." (Um problema que eu conheço bem por ter estado na prisão.)

Eu estabeleci uma tarifa W.-C.

1. Pequenas necessidades: cinco moscas.
2. Grandes necessidades:

a) em segunda classe (um balde colocado embaixo de um tamborete furado): dez moscas.

b) em primeira classe (bacia de W.-C); quinze moscas.

Agora se pode ouvir este tipo de conversa:

— Será que poderei pagar mais tarde (com as moscas) por que estou apertado?

E um outro que responde:

— Não te preocupes, vai... Eu pegarei em teu lugar.

Uma mosca pega sozinha conta por duas.

— E uma mosca que já se tinha e que escapou, conta também?

— Se já a pegou é bom. Mas não há muitas moscas.

Há anos, em Goclawek[6], as maternais ajudaram-me desta maneira a exterminar todos os percevejos.

Um grupo animado de boa vontade é uma verdadeira potência.

EUTANÁSIA

A Igreja envolveu com os seus rituais o nascimento, o casamento e a morte.

Houve um tempo quando toda a vida espiritual do homem se concentrava em torno de ritos litúrgicos e quando a Igreja chegou a reger até a vida material das suas ovelhas.

Quando os homens tinham rejeitado enfim (mas por que com tanta violência?) este traje ficou muito apertado, uma roupa de criança muitas vezes remendada, a Igreja se ramificou, dando lugar à diversas instituições.

Hoje em dia a arquitetura não está mais a serviço das casas de Deus somente. E foi a França – como admirar-se? – que erigiu primeiro uma torre de Babel moderna; a célebre Torre Eiffel em Paris.

As escolas e as universidades leigas, os teatros e as salas de concertos, os museus, os crematórios, os hotéis e os estádios – tudo isto se tornou grande, grandioso mesmo, higiênico e moderno.

Já as emissões de rádio fazem concorrência aos sermões do padre.

Já dispomos, ao lado do livro ou do rolo da escritura sagrada e das exposições de amuletos, de tipografias, bibliotecas e livrarias.

---

6. Goclawek: a alguns quilômetros de Varsóvia, no centro de uma região arborizada, o Orfanato possuía uma casa de madeira, doada por uma judia de Varsóvia, Maxilienne Kohn. Era aí que as crianças passavam todas as férias. (N. do T.)

Não é mais a oração do sacerdote que nos defende das epidemias, mas o poderoso edifício da medicina com o seu exército de médicos.

Para enfrentar os aguaceiros e às inundações, os incêndios, a peste, criamos caixas de doenças e sociedades de seguros

A assistência social substituiu os parcos óbulos de esmola.

A escultura e a pintura não são mais feitas nos tetos e paredes dos templos, mas sobre telas que dão a volta pelas galerias de arte.

Os institutos de meteorologia tornaram caducos os antigos rituais religiosos.

A Igreja está na origem de tudo; todas as nossas instituições estavam reunidas aí.

O hospital chega-nos direto da Igreja.

A Bolsa, que regula hoje em dia os preços, não é senão a antiga praça de igreja.

A correspondência, as visitas recíprocas, as discussões e os banquetes dos levitas transformaram-se em colóquios internacionais e em numerosas revistas científicas.

Para defender-nos da guerra, a diplomacia parece ser tão eficaz quanto a oração.

Os nossos códigos, penal, civil e comercial, não são outra coisa senão o antigo decálogo e seus numerosos comentários.

A prisão: o antigo convento; a sentença: a excomunhão.

O homem moderno não é mais inteligente, nem mais amável que o homem antigo: ele amadureceu.

Outrora a Igreja tinha o monopólio do sublime, do solene, do belo, do humanitário. Fora dela só havia as bestas de carga: atordoadas, exauridas, perplexas.

Contudo, ainda hoje, o homem chegado aos cumes brancos do progresso e da ciência, no que lhe é mais importante, o nascimento, o casamento, a morte, recorre sempre ao batismo, ao sacramento e ao rito para resolver ao mesmo tempo os problemas de eternidade e da herança.

Há pouco, apenas desde ontem, que foram inscritos na ordem do dia dos nossos debates, considerando como objetivos por si: o estudo das populações, a regulação dos nascimentos, o casamento perfeito e a eutanásia.

Aquele que ama e que sofre pode matar por compaixão desde o momento que não haja mais vontade de viver. Em poucos anos será assim.

Há um provérbio curioso:

"Um cigano se deixa enforcar para ter companhia."

Quando propus à minha irmã, à sua volta de Paris, um suicídio em comum, isto não tinha nada de uma ideia ou de um programa de falência. Ao contrário, pois eu me achava sufocado no mundo e na vida.

Qui bono alguns anos a mais? Eu talvez errei quando não renovei a minha oferta. A transação não foi feita por causa das nossas divergências de opinião.

Quando nas horas mais penosas do gueto eu pesava os prós e os contras de um projeto visando a fazer morrer (adormecer) os bebês e os anciãos, destinados ao extermínio, eu o compreendi como um assassinato que teria sido cometido sobre doentes e inocentes.

No hospital dos cancerosos uma enfermeira disse-me que ela punha sempre uma quantidade tóxica de medicamentos na mesinha do doente com este aviso:

"Não tome mais que uma colher. É veneno. Mas uma colher acalmará as suas dores."

Durante anos o doente não fez um gesto para ultrapassar a dose permitida.

Como abordaremos este problema no futuro?

Institucionalização? Sem dúvida; como se poderia fazer de outro modo? Um ofício sério com uma rede de serviços apropriados. Uma grande sala, uma série de pequenos escritórios com juristas, médicos, filósofos, conselheiros. Todas as idades e todas as formações serão representadas.

O cliente apresenta o seu pedido. É direito seu. Todavia, algumas restrições poderão ser previstas a fim de limitar o número de pedidos pouco sérios ou de mentiras visando abusar da boa-fé do ofício ou mistificar a família.

Pois um pedido de morte poderá por vezes mascarar uma tentativa de chantagem:

"Volte para o lar, querida esposa, está aí o protocolo do meu pedido de morte."

"Dinheiro, papai: tenho necessidade urgente de levar uma vida mais alegre."

"Se não passar no vestibular, a vossa má consciência vos atormentará e não conhecereis mais a paz, eu garanto."

Para prevenir estes tipos de situações, algumas restrições poderão ser encaradas:

O pedido deveria ser formulado sobre certo tipo de papel somente e unicamente em latim ou grego. Seria exigida uma lista de testemunhas e talvez uma taxa fiscal. Pagável eventualmente com três ou quatro promissórias trimestrais, mensais ou semanais.

O pedido deveria ser acompanhado de motivo válido:

"Renuncio à vida devido a: doença, dificuldades financeiras, desalento, saturação, decepção sentimental (meu pai, meu filho, meu amigo).

"Desejo que a execução do meu pedido tenha lugar daqui a uma semana imediatamente."

Será que ninguém teve a ideia de colecionar as experiências ou as confissões das pessoas, todas estas cartas e diários escritos nos campos de concentração e prisões, testemunhos daqueles sobre quem pesa uma sentença de morte ou daqueles que relatam as emoções da véspera de uma grande batalha, da Bolsa ou de uma casa de jogo?

O vosso pedido de morte foi aceito. Todas as formalidades são preenchidas. Procede-se à abertura da instrução como num procedimento penal.

Perícia médica. Exame psicológico. Uma confissão ou uma psicanálise poderiam ser contempladas.

Nova convocação de testemunhas.

Se fixa ou se modifica as datas.

Nova convocação de especialistas e de peritos.

Recusa ou adiamento para uma data posterior de uma execução anteriormente consentida. Ou a eutanásia a título de experiência. Não ocorre que depois de ter experimentado o prazer do suicídio se chegue à velhice sem nunca ter reincidido?

Parece que uma das provas da franco-maçonaria consiste em um salto malogrado no desconhecido.

Fixa-se o lugar da execução, mas não sem ter concedido (esta é uma ideia minha) um prazo de graça.

Desejais morrer: estai daqui a dez dias em tal e tal lugar, à tal hora da manhã/da tarde.

Pede-se às autoridades prestarem assistência em terra, na água e no ar.

Estou gracejando? Absolutamente.

Existem problemas que parecem com um monte de andrajos ensanguentados abandonados no meio da rua. Os transeuntes mudam de calçada ou viram a cabeça para não vê-lo.

Eu faço o mesmo.

Contudo, desde que se trate de ideias e não de um mendigo morrendo de fome, uma tal atitude não é permitida. Aí não é o destino de um ou de cem infelizes perdidos no meio de um duro ano de guerra que está em jogo, mas sim o de milhões de homens durante séculos de história.

Isto nos obriga a encarar a verdade de frente.

A minha vida foi difícil, mas interessante. É o tipo de vida que pedi a Deus na minha mocidade:

"Meu Deus, conceda-me uma vida dura, mas bela, rica e elevada."

Quando soube que Slowacki já era autor da mesma oração, sofri; assim a ideia não era minha, eu tive um predecessor.

Na idade de dezessete anos comecei a odiar a vida de medo de enlouquecer.

Tive um medo que parecia pânico do hospital psiquiátrico onde meu pai foi várias vezes internado.

Filho de um alienado, eu era, pois, portador de uma tara hereditária.

Durante dezenas de anos esta ideia voltou a me atormentar periodicamente e me atormenta ainda hoje.

Mas eu gosto demais da minha loucura para não ficar apavorado ante a ideia de que alguém queira curar-me contra minha vontade.

É aqui que eu devia pôr: segunda parte. Mas não, tudo isto é apenas o mesmo bate-papo contínuo. É que não posso exprimir-me de uma maneira mais concisa.

15 de julho de 1942

Uma semana sem escrever. Tanto melhor. Tudo isto me parece inútil. Tive já esta impressão quando escrevi *Como Amar uma Criança*. Cheguei a tomar notas na menor parada: num campo, sob um pinheiro, sobre um tronco de árvore cortado. Tudo parecia importante: se não escrever logo, arrisco-me a esquecer... Que perda irreparável para a humanidade! Depois parei por um mês: para que serve bancar o imbecil! O essencial, há pelo menos uma centena de pessoas que já o conhecem. Eles saberão dizer e introduzi-lo no momento oportuno. Edison não inventou nada: tudo isto já estava no ar como roupa lavada na corda para secar. Ele se limitou a tirá-la da corda.

O mesmo vale para Pasteur ou Pestalozzi. As coisas estavam lá, só lhes restava dizê-las.

O mesmo se pode dizer de toda ideia.

A ordem em que elas criam asas e voam no universo depende de pura sorte.

Há muito que não consigo explicar-me em que o nosso orfanato de hoje difere do nosso orfanato de ontem.

Um quartel? Sim, eu sei.

Uma prisão? Absolutamente certo.

Uma colmeia ou um formigueiro? De modo algum.

Porque o Orfanato hoje é um lar de velhos. Tenho no meu quarto sete inquilinos, sendo três novos, todos doentes que precisaram ser isolados dos outros. A idade deles: de sete a sessenta anos. Sentado na cama com as pernas pendentes, o velho Azrylewicz se apoia no encosto da cadeira e geme de vez em quando.

A conversa matinal das crianças gira em torno da tomada de temperatura: eu tenho tanto de febre e você? Quem se sente pior, quem passou a pior noite.

Dir-se-ia uma casa de saúde para ricos caprichosos que cuidam das suas doenças carinhosamente.

Leon teve o seu primeiro desmaio. Ele agora indaga o que poderia ter-lhe feito mal.

As crianças andam em círculos. Só a sua epiderme parece normal. Embaixo só há cansaço, desalento, cólera, revolta, desconfiança, pesar, saudade.

A dolorosa seriedade das suas jornadas. Às suas confidencias respondo com as minhas, como se estivéssemos entre iguais.

As nossas lembranças nos unem. Só que as minhas são mais difusas, mais diluídas. A não ser isto, tudo igual.

Ontem, apurando o sufrágio do pessoal da rua Dzielna, compreendi a causa da sua solidariedade.

Eles se odeiam um ao outro, mas nenhum deles permitiria que se levantasse um dedo contra um deles.

"Não te imiscuas em nossos negócios. Tu és um estranho, logo inimigo. As vantagens que tu pretendes trazer-nos podem ser apenas aparentes e fonte certa de aborrecimentos."

A mais dotada das enfermeiras, a srta. Wittlin, está morta. A tuberculose.

Paciência, Wittlin. Há a escola e há o isolamento. "O sal da terra" se dissolve, fica só o adubo.

Que crescerá daí?

"É mais difícil viver bem um dia que escrever um livro".

Cada dia, não somente o de ontem, é um livro em si: um grosso caderno, sendo que cada capítulo representa anos de uma vida.

É incrível como o homem pode viver tanto tempo.

As estimativas da Bíblia não têm nada de insensato: Matusalém viveu realmente perto de mil anos.

Noite de 18 de julho

Na nossa última colônia em Goclawek tivemos um caso de envenenamento coletivo. Desde a primeira semana todas as crianças e uma parte do pessoal ficaram doentes por terem consumido pão de origem duvidosa.

Diarreia. Matérias fecais ferveram literalmente nos potes. Na superfície deste líquido viscoso, com aspecto de alcatrão, formavam-se bolhas que rebentando soltavam um odor de podridão que atacava não somente o nariz, mas também a garganta, os olhos, os ouvidos, o cérebro.

Neste momento estamos vivendo um caso análogo, só que a evacuação é mais líquida ainda e acompanhada de vômitos.

Em uma noite os meninos perderam oitenta quilos (1 kg *per capita*, em média) e as meninas sessenta quilos (um pouco menos).

O sistema digestivo das crianças trabalha sob alta pressão. Basta uma pequena coisa para desencadear uma catástrofe. Podia ser a vacina antidisentérica há cinco dias ou ainda a pimenta em pó que, de acordo com uma receita francesa, adicionamos ao *paté* da sexta-feira, feito a partir de ovos cuja frescura era mais que duvidosa.

No dia seguinte o peso global dos meninos não alterou um quilo.

A ação de socorro ocorreu de noite, no meio de vômitos e gritos de dor. Administrou-se água com cálcio (dentifrício em pó em quantidades ilimitadas, potes inteiros). Fora disto, narcóticos para aqueles que sofreram de dor de cabeça e morfina em doses fracas para o pessoal. Uma só injeção de cafeína para um pensionista novo, histérico, tomado de um mal súbito.

Sua mãe, devorada por uma úlcera intestinal, não quis morrer antes de colocar a criança no internato. Ele não se decidiu entrar enquanto a mãe estava com vida. Por fim, decidiu. A mãe acabou morrendo e a criança está aqui com remorsos. Quando aparece o mal-estar, ele imita a mãe: geme, gritando que está mal, que sufoca, que está com calor e enfim que morre de sede.

Água!

Andando para lá e para cá, perguntei a mim mesmo se a histeria ia tornar-se coletiva. Havia muita chance para isto!

A confiança das crianças na direção era na proporção de seu medo. Desde o momento em que o doutor ficasse calmo, não havia nada a temer.

Eu não era tão calmo assim. Mas o fato de ter repreendido um paciente insuportável (ameacei-o de expulsar para a escadaria), atuou em meu favor. Dei prova da segurança de um chefe.

Um dia depois, isto é, ontem, o espetáculo: *O Correio* de Tagore[7]. Sucesso, apertos de mão cordiais, sorrisos, tentativas de começar uma conversa. Terminado o espetáculo, a senhora presidente deu uma volta na casa e declarou que havia pouco lugar, mas que o genial Korczak provou mais uma vez que era capaz de fazer milagres mesmo num buraco de ratos.

É por isto que os outros tiveram direito a palácios.

(A este propósito lembro-me da inauguração da creche do lar para os operários, na rua Gorczewska, com grande pompa, com a participação da presidente Mosvicka – a segunda.)

As crianças eram gozadas!

Pergunto-me em que daria se elas continuassem a desempenhar o seu papel na vida.

Jorge não se acredita um verdadeiro faquir?

Chaim era perfeito como médico, como também Adek como prefeito do rei.

(Poderia propor aos bolsistas como assunto de uma das palestras de quarta-feira: A "ilusão" e o seu papel na vida das pessoas.)

Vou agora à rua Dzielna.

O mesmo dia, meia-noite
Se dissesse que nunca escrevi uma linha sem ter realmente querido escrever, seria a pura verdade. Mas seria também verdadeiro dizer que escrevi sempre sob imposição.

7. Rabindranath Tagore (1861-1941): poeta, filósofo e músico hindu. A peça em questão é *Amal ou A Carta do Rei*. (N. do T.)

Eu era essa criança que "pode brincar horas a fio sozinha", a criança que "nem se sabe se está em casa".

Recebi os meus primeiros cubos aos seis anos e deixei de brincar com eles aos quatorze.

"Como, você não tem vergonha? Um rapaz da tua idade? Faça alguma coisa... leia. Mas os cubos, que coisa!"

Aos quinze anos fui tomado de uma fúria de leitura. Não vi mais nada, só existiam os livros.

Gostava também de conversar. Não só com amigos. No Jardim Saski tive como interlocutores gente de idade. "Admiravam-me": passei por um filósofo.

Mas eu falava só comigo mesmo.

Pois há diferença entre falar e conversar. A mesma que entre mudar de roupa e se despir.

Eu me dispo só e falo só, sem testemunhas.

Há um quarto de hora, eu concluí o meu monólogo em presença de Henio Azrylowicz. Cheguei, creio que a primeira vez na minha vida, a esta conclusão:

– Tenho um espírito analítico, mas de modo algum inventivo.

Preciso procurar para saber?

– Não.

– Ir ao fundo das coisas para encontrar?

– Também não.

Finalmente, creio que é preciso procurar para colocar-se perguntas sempre novas.

Interrogo, portanto, as pessoas (criancinhas, anciãos), os fatos, os eventos, os destinos... Não tenho nenhuma pretensão de achar respostas. O meu único desejo é poder passar à indagação seguinte que não diz respeito necessariamente ao mesmo assunto.

Minha mãe dizia:

"Este rapaz não tem ambição nenhuma. Para ele tanto faz, pode comer qualquer coisa, vestir-se de qualquer jeito, brincar com qualquer um. Não faz distinção entre crianças do seu meio e os filhos do zelador e não tem vergonha de se divertir com os pequenos."

Eu interrogava os meus cubos, as crianças, os adultos sobre o que eles são. Eu não quebrava os meus brinquedos. Não era absolutamente curioso de saber por que uma boneca fecha os olhos quando se a deita. Não era o mecanismo que me interessava, mas o porquê da coisa, a coisa por si mesma, em si mesma.

O fato de escrever um diário, que é uma espécie de biografia, obriga-me a falar e não a conversar.

Volto à eutanásia.

A família de um candidato ao suicídio.

A eutanásia sob encomenda.

Um louco privado de vontade — incapaz de tomar uma decisão por ele mesmo.

Seria necessário um código cujos mil artigos seriam ditados pela própria vida. É o princípio da legalidade e da necessidade da solução que importa.

Uma ilha longínqua, doce e bela. Um hotel elegante onde o candidato ao suicídio reflete sobre as razões de viver ou morrer.

Quantos dias ou semanas são necessárias para tomar uma decisão destas? Uma vida dos ricos de hoje? Uma vida de trabalho?

Pessoal do hotel. Serviços diferentes. Cuidados de jardim. A duração da estada?

Onde passou?

Partiu sem deixar endereço.

Numa ilha vizinha ou no fundo do mar.

Seria melhor dizer:

"Você morrerá em um mês, queira ou não. Você assinou um contrato, tomou as suas disposições a respeito da vida temporal. Se você se arrependeu é azar seu. É tarde demais."

Ou optar por uma morte que lhe virá como uma liberação: no meio do sono ou num copo de vinho, em meio de dança e de música? Uma morte repentina e inesperada.

"Desejo morrer porque amo."

"Desejo morrer porque odeio."

"Peço a morte porque não sei amar nem odiar."

Na verdade, tudo isto já existe, mas tão tristemente, tão estupidamente, de um modo tão desordenado, tão sujo.

Dá-se a morte por cálculo, por interesse, por comodismo.

As mais próximas do problema da morte são as questões sobre a esterilidade, a prevenção e a interrupção da gravidez.

"Em Varsóvia você pode ter um filho, dois numa cidade pequena, três no campo, quatro nas terras orientais, dez na Sibéria. Escolha."

"Você tem o direito de viver, mas sem filhos."

"Você tem o direito de viver, mas como celibatário."

"Ocupe-se somente com sua casa e pague os impostos sozinho."

"Eis um partido para você: pode escolher entre estas dez (cem) mocinhas."

"Você está autorizada a tomar dois machos. Você tem o direito de viver com três fêmeas."

Regozijemo-nos: quantos postos, fichários, escritórios novos em vista!

Não há mais necessidade de trabalhar fisicamente: é a máquina que distribui alojamento, alimento, vestuário. Não somos mais que administradores.

Novos métodos de cultura e de pecuária. Novos produtos sintéticos. A colonização das terras até agora inacessíveis, como as do equador e dos dois polos, abre novas possibilidades demográficas: o número de habitantes da Terra poderá atingir cinco bilhões.

Entra-se em contato com um novo planeta. A colonização de Marte, da Lua ou de um vizinho mais longínquo ainda. Esta imigração nova significa dez bilhões de pessoas futuras parecidas em tudo com você ou comigo.

Esta operação gigantesca (quem, que número, com que destinação) é dirigida daqui da Terra.

Comparando, a nossa guerra contemporânea parece uma inocente troca de golpes de raquete. O que importa é só a grande peregrinação dos povos.

O que é o programa da Rússia? Misturar e cruzar as raças? O projeto da Alemanha? Juntar os homens em função da cor da sua pele e dos seus cabelos, da forma do seu nariz e das dimensões do seu crânio e de suas bacias.

Hoje os nossos especialistas já sabem o que é a angústia do desemprego. Os médicos e dentistas se confrontam com o trágico problema da busca de um emprego.

Começam faltar amígdalas e apêndices para operar, dentes para obturar.

O que fazer? O que fazer?

Felizmente, ficaram ainda a acetonemia, o espasmo do piloro, a angina do peito.

Mas que faremos no dia em que a tuberculose se tornar uma doença curável, fácil de curar com uma simples injeção intravenosa, intramuscular ou subcutânea?

A sífilis? "Seiscentos e seis"[8]. A tuberculose: "Dois mil e quinhentos". O que farão os nossos médicos, nossos enfermeiros?

---

8. "Seiscentos e seis": um dos primeiros medicamentos contra a sífilis utilizado correntemente na Polônia entre as duas guerras.

O que será de nós no dia em que o álcool for substituído por uma gota de gás? O aparelho n.º 3. Preço: 10 *zlotys*. Garantia: 50 anos. Possibilidade de crédito. Modo de usar na embalagem.

Duas pastilhas de *ixbion*, toda alimentação. E que fazer com os nossos cozinheiros, com os nossos restaurantes?

O esperanto? Um só jornal para todos os povos da Terra. Que farão os linguistas, os tradutores, os professores de língua estrangeiras?

O rádio: impossível de distinguir, mesmo para um ouvido apurado, a música "em conserva", que ela transmite, da música direta.

O que será do mundo se já hoje deve recorrer a catástrofes para assegurar trabalho e um alvo na vida aos homens do nosso tempo?

Tudo isto, impossível. Recobremos o ânimo senão corremos para um marasmo, para uma asfixia, para um desalento do qual não temos nem ideia.

Eis uma ideia de novela:

Véspera de um concurso internacional de violino. O laureado será proclamado o melhor intérprete do ano. No programa, uma sinfonia ou uma diafonia, não importa.

O mundo inteiro suspenso nos seus postos.

Uma olimpíada como nunca se viu.

Os torcedores do violinista da Ilha dos Papagaios vivem numa incerteza trágica.

Chega a última noite.

O seu candidato malogra.

Eles cometem suicídio coletivo, não podendo suportar a derrota do seu violinista favorito.

Há uma novela de Tchekhov: uma babá de dez anos de idade estrangula um bebê cujo choro não a deixou dormir.

Coitada da pequena babá que não conseguiu resolver de outro modo!

Eu achei um bom método: ignoro simplesmente a tosse irritante e o comportamento manifestamente hostil do velho alfaiate.

Não o ouço, é verdade. São duas horas da manhã. Grande silêncio. Poderei dormir umas cinco horas. Recobrarei o resto durante o dia.

Gostaria de pôr um pouco de ordem neste diário. Não será fácil.

21 de julho de 1942

Amanhã completarei sessenta e três ou sessenta e quatro anos. Meu pai só me registrou anos depois de meu nascimento. Este fato, que me custou momentos penosos, passou aos olhos de mamãe por uma negligência inadmissível. Considerando que era advogado, meu pai devia cuidar disto mais cedo.

O meu nome vem do de meu avô que se chamava Hersz (Hirsz). Meu pai, que recebeu o nome de José, tinha o direito de me dar o de Henryk. Meu avô deu a todos os filhos nomes cristãos: Maria, Madalena, Ludwik, Jakub, Karol. No entanto papai hesitou muito, procurando ganhar tempo.

Eu deveria consagrar aqui muito espaço a meu pai: realizo na vida aquilo a que ele mesmo aspirou tão forte e antes dele já meu avô quis realizar.

À minha mãe também. Talvez mais tarde. Eu sou minha mãe e sou meu pai. A eles é a quem devo o fato de compreender algo em relação à vida.

Meu bisavô era vidraceiro. Sinto-me feliz por isto: o vidro nos dá luz e calor.

É duro nascer e aprender a viver. O que me resta a fazer é bem mais fácil: morrer. Depois da morte será talvez duro de novo, mas não penso nisto. Mais um ano, mais um mês, mais uma hora.

Queria morrer consciente e lúcido. Não sei o que poderei dizer às crianças à guisa de adeus. Gostaria somente de lhes fazer compreender que são livres para escolher o seu caminho.

Dez da noite. Uma série de tiros: dois, uma salva, mais dois, um só, uma salva novamente. As minhas cortinas não estão talvez bem fechadas.

Continuo escrevendo assim mesmo.

Tenho até a impressão que isto faz o meu pensamento mais desprendido. (Um novo tiro isolado.)

22 de julho de 1942[9]

Tudo conhece limites – menos a insolência.

As autoridades ordenaram a evacuação do hospital de Stawki[10] e a transferência das crianças mais gravemente doentes ao da rua Zelazna.

Que fazer? A decisão foi tomada rapidamente; ação enérgica.

X e Z têm já cento e setenta e cinco crianças convalescentes e agora decidem pôr na minha casa mais de um terço destas crianças. Existe uma quinzena de internatos, mas o nosso é o mais próximo.

Assim o fato de que durante estes seis últimos meses não havia uma única infâmia que esta senhora não tivesse cometido

---

9. O dia 22 de julho de 1942 (aniversário de Korczak) marca o início da "liquidação" maciça da população do gueto.
10. Situado na "Umschlagplatz", este hospital incomodou os alemães que despacharam deste lugar um trem transportando judeus até o campo de extermínio de Treblinka. As crianças doentes de Stawki foram transferidas ao hospital da rua Zelazna de onde se encaminhou a Korczak uma parte das crianças convalescentes.

em relação aos seus doentes, por comodidade, por obstinação ou por estupidez, o fato de que ela tenha demonstrado uma engenhosidade diabólica para comprometer o meu projeto, que não tinha nada de bruxaria e era fácil de realizar, tudo isto não tem, pois, nenhuma importância (...).

Foi aproveitando a minha ausência que a sra. K concordou e que a sra. S aceitou executar uma ordem vergonhosa e nociva no mais alto grau, tanto para as suas crianças como para as nossas (...).

Cuspir de nojo e ir embora. Há já algum tempo que penso nisto. Cada vez mais entraves... chumbo nos pés.

(Estas notas são de novo muito confusas, porém estou demais cansado para estender-me mais ainda.)

Azrylewicz morreu hoje de manhã. Como a vida é dura e a morte parece fácil!

27 de junho de 1942
arco-íris de ontem

Este arco-íris de ontem.

E esta lua tão grande e maravilhosa em cima do nosso campo de vagabundos.

Por que não tentar acalmar este infeliz bairro em delírio?

Bastaria um comunicado curto.

As autoridades não veriam nisto talvez nenhum inconveniente.

Na pior das hipóteses eles o interditariam.

Um plano de tão grande limpidez.

Manifestem-se, escolham! A escolha que oferecemos não é fácil. Precisarão renunciar por algum tempo ao *bridge*, à praia, aos bons jantares comprados com o sangue dos traficantes.

Escolham: ir embora ou o trabalho no lugar.

Se ficarem, trabalharão por todos aqueles que tenham sido deslocados.

O outono se aproxima. Eles precisarão de sapatos, de roupa de baixo, utensílios.

Nós saberemos como encurralar todos aqueles que tirarem o corpo fora com subterfúgios. Aceitaremos de bom grado as suas joias, suas divisas, todo objeto que representa valor. E quando estiverem despojados de tudo que possuem, perguntaremos de novo:

"Aqui ou lá? O que vocês imaginam no fim? A praia, o *bridge*, o jornal depois do almoço – tudo isto já acabou."

Uma ação social? Porque não. Fingir por algum tempo. Nós fingiremos que acreditamos. De um modo geral, nós aceitaremos tudo que nos convém. Perdão, tudo que não perturba os nossos projetos.

Dirigimos uma empresa gigantesca. O seu nome é "guerra". Trabalhamos com planos, disciplina e método. Os vossos pequenos interesses, ambições, sentimentos, caprichos, pretensões, apetites, queixas não nos dizem respeito.

Certo, uma mãe, um marido, uma criança, uma velhinha, um móvel familiar, um prato favorito – tudo isto é gentil, correto, comovente. Mas para o momento há coisas mais importantes. Voltaremos a tudo isto um dia quando formos um pouco mais livres.

Por enquanto, para não deixar as coisas se arrastarem, somos obrigados a agir com alguma rudeza, um pouco ofensiva talvez, onde falta precisão, elegância... Mas que vocês querem? É trabalho apressado, fora do esquadro, bom apenas para cobrir as necessidades mais urgentes.

Vocês estão com pressa? Nós também. Pois não nos importunem.

Todos os judeus para o Leste. E não tentem regatear. Agora não se trata da tua avó judia, mas de saber onde precisam mais de ti: dos teus braços, do teu cérebro, do teu tempo, da tua vida. Uma avó nunca é mais que uma avó. Muito pouco para pretexto. Poderias achar um argumento, um *slogan* mais astuto.

Não podes ir a Leste? Aí morrerás? Escolhe então outra coisa. Deves decidir, tomar o risco. Visto que somos obrigados a incomodar-te, ameaçar, caçar-te, que isto nos agrade quer não.

Estás nos amolando com o teu pacote de dinheirinho que experimentas introduzir em nossas mãos. Não nos interessa. Temos pressa. Não brincamos de guerrinha: pedem-nos fazê-la depressa, ir até o fundo das coisas e tão honestamente quanto possível.

O trabalho não é limpo, nem agradável. Antes, fede. Mas nós devemos nos mostrar leais frente às pessoas que empregamos. Porque no momento precisamos delas.

Pode-se gostar de vodka, de raparigas e/ou do poder. Como se pode morrer de medo por falta de confiança em si mesmo.

Sabemos: os vícios, os erros...

Mas estes se apresentaram no tempo em que estavas brincando de filósofo e retardaste o vencimento. Perdoa, mas o trem deve circular dentro do horário, um plano fixado com antecedência.

Eis a estrada de ferro.

Por aqui os italianos, romenos, franceses, checos, húngaros. Por lá os japoneses, chineses e outros: as Ilhas Salomão e os canibais, inclusive. Que sejam camponeses, montanheses, burgueses ou intelectuais.

Nós, os alemães, zombamos da etiqueta, só a taxa que nos interessa e o destino dos produtos.

Nós podemos ser, indiferentemente, o rolo de aço, o arado ou a foice. Mas é preciso que esta farinha acabe dando pão. E ela dará. Sob a condição de que não coloques paus nas rodas, que não vos enervais ganindo, infectando a atmosfera. Somos constrangidos a manejar o cassetete, o bastão ou o lápis, mesmo que às vezes sintamos piedade. A ordem deve ser mantida.

Um cartaz:

"Por ter feito isto ou aquilo, fulano será fuzilado."

"Por não ter feito isto ou aquilo, fulano será fuzilado."

Poder-se-ia acreditar que alguns o procuram realmente. Candidatos ao suicídio? Tanto faz.

Há os que não têm medo de nada. Glória aos heróis!

Os seus nomes brilharão pelo mundo, mas por enquanto, que eles se afastem do nosso caminho, pois não podemos fazer de outra maneira.

Vê-se também aqueles que morrem de medo: eles correm a todo momento à privada, se embriagam com álcool, com fumo, com mulheres, mas nem por isto se relaxam. Que fazer com tal gente?

Os judeus têm méritos. São dotados, trabalhadores... Houve Moisés, Cristo e Heine... e o progresso e Spinoza e o fermento; uma raça velha, em tudo os primeiros. Com tudo isto, um espírito de sacrifício. Tudo isto é verdade. Mas não se deve esquecer que os outros fizeram também alguma coisa.

Não se trata de subestimá-los, mas tudo isto fica para mais tarde. Amanhã compreendereis. Eles representam um valor, mas não um valor único.

Não lhes queremos mal. Com os poloneses era o mesmo problema. E continua com a Polônia. E o que dizer da Palestina, da Martinica, de Malta... Sem falar do digno proletário, da mulher, do órfão, do militarismo, do capitalismo. Paciência, não todos ao mesmo tempo. Cada um por sua vez. Há uma ordem a ser respeitada.

É duro, dizem vocês, mas não é fácil para nós tampouco. O debate se anuncia penoso, tanto mais que o *buffet* onde se podia passar para refazer um pouco as forças não existe mais.

É preciso, amigo, ouvir pacientemente o discurso oficial da História sobre a página que acaba de ser aberta.

POR QUE TIRO A MESA DEPOIS DA REFEIÇÃO?[11]

Sei que muitos não aprovam que eu limpe a mesa. Mesmo aqueles a quem este serviço é atribuído não parecem apreciar a minha ajuda. Pois eles dão conta do serviço muito bem sem mim. Já são bastante numerosos para fazer este trabalho. Se não é esta a minha opinião, o que espero para designar mais um ou dois ainda? Ainda uma das suas extravagâncias. A menos que não queira parecer mais trabalhador e mais democrata que é na realidade.

E se fosse apenas isto? Mas não se pode aproximar-se dele nestes momentos. Um negócio importante trará alguém? Responde sempre que está ocupado e faz todo o mundo esperar.

Estranha ocupação: tirar sopeiras, colheres, pratos.

E o pior é que o faz desajeitadamente, atrapalha a distribuição da sobremesa; não se tem tempo sequer para lamber os pratos. Já se está apertado na mesa e precisa empurrar-se para lhe dar passagem. Acontece a ele até mesmo derrubar o alimento: não sabe como segurar um prato! Para nós, por menos que isto é, é a reprimenda e o Tribunal[12].

Fantasia deplorável! Uns se acusam por ter-me deixado fazer, outros por ter, em certo sentido, me explorado.

Será que eu não vejo tudo isto, eu mesmo?

Mas sim, pois aqui estou escrevendo estas linhas. Sei que incomodo mais do que ajudo.

---

11. O último artigo de Korczak destinado à gazeta do Orfanato.
12. Ver *Comment aimer un enfant* (Como Amar uma Criança), Ed. Laffont. (N. do T.)

Sinto que é isto que todos pensam. Mas coisa curiosa: ninguém nunca me perguntou a este respeito. Nunca ninguém indagou: "Por que você faz isto? Por que você nos atrapalha?"

Aqui está a minha explicação:

O fato de tirar *eu mesmo* a mesa permite-me ver todos os pratos rachados, todas as colheres tortas, todas as tigelas arranhadas. Faço liberar mais depressa as mesmas, para que se possa limpá-las sem demora e aí dispor os objetos para a loja. Marco as mesas onde numa desordem meio aristocrática meio plebeia pousam, em confusão, facas, colheres, tigelas e saleiros. Por vezes dou uma olhada sobre o modo que são distribuídos os suplementos ou para ver quem está sentado ao lado de quem. Tudo isto me dá o que pensar. Pois não faço nada sem refletir e ainda este trabalho de garçom de bar é para mim ao mesmo tempo útil, agradável e interessante.

Mas não é lá o mais importante. Trata-se para mim de um problema que me preocupa há trinta anos, desde que o Orfanato existe. Falei amiúde e escrevi muito sobre o assunto, mas parece que não serviu para grande coisa. Continuo, no entanto, a lutar, pois, para mim, isto é um combate que não quero, nem posso abandonar.

Luto para que não se faça mais diferença entre trabalhos delicados e grosseiros, inteligentes e estúpidos, limpos e sujos; entre trabalhos para mocinhas de boa família e aqueles que são apenas bons para o povo. Não deve haver no Orfanato ocupações exclusivamente físicas ou exclusivamente intelectuais.

No internato da rua Dzielna fica-se escandalizado quando me veem dar a mão a uma faxineira, sobretudo quando está lavando a escada e suas mãos estão úmidas. Acham também que esqueço frequentemente de apertar a mão do dr. K. ou responder às saudações dos doutores M. e B.

Respeito os trabalhadores honestos. As suas mãos são, para mim, sempre limpas e faço muita questão de suas opiniões.

Se por ocasião de nossas reuniões na rua Krochmalna temos tido muitas vezes como convidados o nosso zelador e a lavadeira, não era para dar-lhes prazer. Precisávamos deles como peritos cujos conselhos podiam ser de grande utilidade para nós. Sem suas contribuições mais de um caso teria acabado na aplicação do artigo 3[13].

Em um dos números do nosso semanário, datado de mais de vinte anos, encontrei uma anedota, ou melhor uma observação, que achei espirituosa.

Um certo José, não sei mais qual, havia diversos, após ter penado muito tempo sobre um dever de matemática que não conseguia resolver, acabou por dizer:

— Não consigo "matar" este problema. Aplico-lhe o artigo 3.

Não é porque alguém trabalha como almoxarife que se deve julgar mais inteligente que aquele que só maneja o carrinho. Não é porque dá ordens que você vale mais que aqueles que as ouvem. O direito de apor a minha assinatura nos documentos oficiais não prova em nada as minhas qualidades. Um aluno do terceiro ano primário e até mesmo do segundo faria este trabalho mais cuidadosamente que eu.

A funcionária intratável que prepara as receitas não passa para mim de uma personagem grosseira, enquanto que o sr. Leizor, que deve tocar em monte de sujeira quando conserta a canalização, a meus olhos é um homem muito bonito. Se estimo a srta. Nastka que bate à máquina, estimaria da mesma forma se ela descascasse batatas. E não é minha culpa se a nossa enfermeira Irka julga necessário descarregar todo trabalho penoso

13. "O Tribunal ignora as circunstâncias do caso e renuncia ao julgamento". (O código do Tribunal se compunha de mil artigos, sendo a maior parte artigos de perdão; a coerção só começou do artigo 800 em diante; só o artigo de número 1.000 era a constatação do fracasso: estipulava a expulsão. Só foi aplicado uma vez.) Ver *Como Amar uma Criança*, E. Laffont.

sobre Mira; nem se a sra. Rosa Stockmann, que estimo muito, não pensa nunca que poderia limpar às vezes as privadas ou o chão da cozinha, nem que fosse para relaxar-se um pouco.

Na agricultura se fala de rotação de culturas, na medicina de mudança de clima, e na Igreja do ato de penitência. Ao papa, chamam-no Santo Padre, e o mais altos dignitários se ajoelham à sua frente para beijar-lhe a sandália. No entanto, cada ano ele lava os pés de uma dúzia de mendigos.

Os judeus são presunçosos, por isto tratados com desprezo. Espero que isto mude logo. Por enquanto deixem-me tirar a mesa e esvaziar os baldes nas privadas.

Aquele que diz: "O trabalho físico suja", diz uma mentira. Mas seria mais grave se declarasse que "não há trabalho que desonra" e deixasse aos outros todos os "trabalhos sujos", considerando que as suas mãos brancas são destinadas a trabalhos mais nobres.

1º de agosto de 1942
Quando as folhagens das batatas tornavam-se demais exuberantes eram espremidas passando um pesado rolo de aço por cima para que os frutos tivessem tempo para amadurecer melhor na terra.

Será que Marco Aurélio conhecia as parábolas de Salomão? Que paz interior traz a leitura do seu diário!

Odeio certos indivíduos, mas isto talvez seja apenas uma maneira de lutar com eles. Indivíduos do tipo da sra. H. ou de M.G. Não acuso os alemães, eles trabalham ou antes realizam os seus planos. Com lógica e eficácia. Eles só podem ir contra aqueles que os impedem estupidamente.

Eu também os impeço. No entanto, eles são antes indulgentes. Se levam as pessoas é só para lhes permitir ficarem tranquilos um momento. Sem isto continuariam girando nas ruas e incomodando.

Em suma, eles me prestam um serviço. Porque andando em círculo eu poderia pegar uma bala perdida. Com as costas na parede, eu posso olhar atentamente o que se passa ao meu redor e refletir.

Reflito.

Em Myszyniec não ficou ninguém a não ser um velho judeu cego. Andava, com bengala na mão, no meio das carroças, cavalos, cossacos e canhões. Que crueldade abandonar um ancião cego!

– Eles queriam levá-lo, explicou-me Nastka, mas ele recusou. Alguém devia cuidar da sinagoga.

Conheci Nastka quando a ajudei a encontrar um pequeno balde que um soldado lhe havia emprestado. Devia devolver, mas não o fez.

Eu sou o velho judeu e eu sou Nastka.

A cama é tão quente e doce. É duro levantar-se. Mas hoje é sábado e eu peso as crianças antes do café todos os sábados. Contudo – e pela primeira vez, em toda minha vida – creio que não estou curioso para ver o resultado da semana. Devem ter aumentado de peso. (Ontem à noite, não sei por que, deram-lhes cenouras cruas no jantar.)

No lugar do velho Azrylewicz tenho agora o jovem Julek. Um derrame pleural. Ele também, ainda que não pela mesma razão, tem problemas respiratórios.

Os mesmos gemidos, os mesmos gestos, o mesmo rancor e o mesmo desejo de ator egocêntrico de atrair atenção sobre a sua pessoa. Talvez seja a sua maneira de se vingar: castiga-me porque não penso nele.

Hoje, pela primeira vez desde uma semana, ele conseguiu passar uma noite calma. Eu também.

Eu também. Desde que cada dia traz tanta sensação sinistra, não tenho mais pesadelos de noite.

A lei do equilíbrio.

Um dia hostil, uma noite de paz. Um dia feliz, uma noite de angústia.

O edredom – poderia consagrar-lhe todo um tratado.

O camponês e o seu edredom.

O operário e o seu edredom.

Há muito que não abençoo o mundo. Experimentei esta noite, não consegui.

Devo ter-me enganado, mas não sei quando. A respiração purificadora ainda funcionava. Mas os dedos ficaram fracos. O fluido não passava mais.

Acreditaria eu na sua eficácia? Sim, mas não mais nas minhas índias. Minhas Índias sagradas.

De um dia para outro o bairro muda de aspecto.

1. A prisão.
2. O navio dos pestilentos.
3. O lugar do acasalamento dos pássaros.
4. Um asilo de loucos.
5. Uma casa de jogos. Mônaco. O cacife: a cabeça.

E sobretudo esta impressão do já visto.

Os infelizes suspensos no espaço estreito que separa a prisão do hospital. Condição de escravidão: a exploração do trabalho muscular, mais a desonra. A vergonha que experimenta uma jovem iludida.

A fé, a família, a maternidade arrastadas na lama.

O regateio com os valores espirituais. O peso da consciência cotada na Bolsa. Com flutuações de curso – como as da cebola ou da vida de hoje.

As crianças vivem no medo e na incerteza. "Um judeu vem te pegar." "Eu te venderei ao velho comerciante." "Vão te enfiar num saco."

A infância de um órfão.

A velhice feita de humilhações e de senilidade moral.

(Outrora era bom trabalhar para assegurar-se a velhice. Era merecido como a saúde. Agora é preciso comprar as forças e os anos de vida. Para ter cabelos grisalhos é preciso ser maroto.)

A srta. Esterka[14].

A srta. Esterka não quer uma vida fácil e alegre. Ela a quer bela.

Ela nos deu *O Correio* à guisa de adeus. Um adeus momentâneo.

Se ela não voltar aqui, nós nos encontraremos em outro lugar, um pouco mais tarde. Boa e prestativa como é, temos certeza que saberá ser tão útil aos outros como foi conosco.

---

14. Ester Winogronowna, educadora do Orfanato, era ao mesmo tempo estudante de ciências na Universidade de Varsóvia. Muito amada pelas crianças, Ester (que fazia também muita dança) se encarregou do bailado do Orfanato. Pouco depois da apresentação da peça de Tagore, que ela pôs em cena, Ester foi presa pelos alemães durante uma razia e desapareceu, como muitos outros, para sempre.

4 de agosto de 1942

1

Reguei as flores. Pobres plantas do Orfanato! Plantas de um orfanato judeu. A terra queimada pelo sol respirou.

A sentinela em serviço observou o meu trabalho. Será que ficou irritado de me ver zanzar nesta ocupação pacífica desde as seis da manhã?

Estava em pé com as pernas abertas e me olhava.

2

As minhas tentativas de recuperar Esterka não deram em nada. Por outro lado, não tive absolutamente certeza que em caso de sucesso isto teria sido da minha parte um bom ou mau serviço.

Perguntam-me.

– Onde ela se deixou prender?

Talvez não seja ela mas nós que nos deixamos pegar pela armadilha (por termos ficado).

3

Escrevi ao comissariado para mandarem buscar Adzio: um retardado mental mau e indisciplinado. Não podemos permitir que seus excessos exponham ao perigo a casa toda (responsabilidade coletiva).

4

Por hora uma tonelada de carvão para a rua Dzielna, na casa de Rosa Abramowicz. Alguém pergunta se o carvão está em segurança lá. Um sorriso à guisa de resposta.

5

O dia começa brumoso. Cinco e meia da manhã.

Um dia como qualquer outro, poder-se-ia acreditar.
– Bom dia, digo à Hanka.
Um olhar espantado.
– Sorri!
Existem sorrisos doentes, sorrisos pálidos e tuberculosos.

6

Vocês bebiam, senhores oficiais, vocês bebiam com vontade, de coração; é pelo sangue vertido que levantavam seus copos, dançando e fazendo tilintar suas medalhas; à saúde da desonra que não viam, cegos como estavam... ou que fingiam não ver.

7

A minha participação na guerra japonesa: uma derrota, um desastre.

Na guerra europeia: uma nova derrota, um novo desastre.

Na guerra mundial...

Não sei o que pode sofrer, nem como pode se sentir o soldado de um exército vitorioso.

8

Os jornais nos quais colaborei acabaram sempre fechando, interditados... ou faliram.

Arruinado, o meu editor se suicidou.

Tudo isto, não porque sou judeu, mas porque nasci no Leste.

É um consolo triste saber que o orgulhoso Ocidente não vai muito bem, tampouco.

Seria, mas não é. Não desejo mal a ninguém. Não saberia onde colocar-me.

9

Nosso Pai que estás no Céu...

Esta oração foi esculpida pela fome, pelo infortúnio.

Nosso pão.

O pão.

Então, tudo isto já se passou. Já se passou tudo o que eu vivo no presente.

Eles vendiam os seus móveis, suas roupas por um litro de petróleo, um quilo de *kachá*, um copo de vodka.

Quando no Kommandantur, um polonês fanfarrão e amável quis saber como consegui escapar ao cerco, aproveitei para perguntar se podia fazer algo por Esterka.

– Certamente, não.

Apressei-me em responder:

– Obrigado pelas gentis palavras.

Este agradecimento era filho exangue da miséria e da humilhação.

10

Rego as flores. A minha careca na janela – que alvo bom!

Ele tem um fuzil. Por que fica assim, olhando tranquilamente?

Não recebeu ordem.

Ele era talvez professor numa aldeia, ou tabelião, ou varredor de rua em Leipzig, garçom de bar em Colônia?

Que é que ele faria se eu fizesse um pequeno sinal com a cabeça? Um gesto amigável com a mão?

Será que ele nem sabe o que está se passando?

Talvez ele tenha chegado ontem de muito longe.

COLEÇÃO ELOS

1. *Estrutura e Problemas da Obra Literária*, Anatol Rosenfeld.
2. *O Prazer do Texto*, Roland Barthes.
3. *Mistificações Literárias: "Os Protocolos dos Sábios de Sião"*, Anatol Rosenfeld.
4. *Poder, Sexo e Letras na República Velha*, Sergio Miceli.
5. *Do Grotesco e do Sublime*, Victor Hugo.
6. *Ruptura dos Gêneros na Literatura Latino-Americana*, Haroldo de Campos.
7. *Claude Lévi-Strauss ou o Novo Festim de Esopo*, Octavio Paz.
8. *Comércio e Relações Internacionais*, Celso Lafer.
9. *Guia Histórico da Literatura Hebraica*, J. Guinsburg.
10. *O Cenário no Avesso*, Sábato Magaldi.
11. *O Pequeno Exército Paulista*, Dalmo De Abreu Dallari.
12. *Projeções: Rússia/Brasil/Itália*, Boris Schnaiderman.
13. *Marcel Duchamp ou o Castelo da Pureza*, Octavio Paz.
14. *Mitos Amazônicos da Tartaruga*, Charles Frederik Hartt.
15. *Galut*, Itzack Baer.
16. *Lenin: Capitalismo de Estado e Burocracia*, Leôncio M. Rodrigues e Ottaviano de Fiore.
17. *Círculo Lingüístico de Praga*, J. Guinsburg (org.).
18. *O Texto Estranho*, Lucrécia D'Aléssio Ferrara.
19. *O Desencantamento do Mundo*, Pierre Bourdieu.
20. *Teorias da Administração de Empresas*, Carlos Daniel Coradi.
21. *Duas Leituras Semióticas*, Eduardo Peñuela Cañizal.
22. *Em Busca das Linguagens Perdidas*, Anita Salmoni.
23. *A Linguagem de Beckett*, Célia Berrettini.
24. *Política e Jornalismo: Em Busca da Liberdade*, José Eduardo Faria.
25. *A Idéia do Teatro*, José Ortega y Gasset.
26. *Oswald Canibal*, Benedito Nunes.
27. *Mário de Andrade/Borges*, Emir R. Monegal.

28. *Poética e Estruturalismo em Israel*, Ziva Ben-Porat e Benjamin Hrushovski.
29. *A Prosa Vanguardista na Literatura Brasileira: Oswald de Andrade*, Kenneth D. Jackson.
30. *Estruturalismo: Russos x Franceses*, N. I. Balachóv.
31. *O Problema Ocupacional: Implicações Regionais e Urbanas*, Anita Kon.
32. *Relações Literárias e Culturais entre Rússia e Brasil*, Leonid A. Shur.
33. *Jornalismo e Participação*, José Eduardo Faria.
34. *A Arte Poética*, Nicolas Boileau-Déspreaux.
35. *O Romance Experimental e o Naturalismo no Teatro*, Émile Zola.
36. *Duas Farsas: O Embrião do Teatro de Molière*, Célia Berrettini.
37. *A Propósito da Literariedade*, Inês Oseki-Dépré.
38. *Ensaios sobre a Liberdade*, Celso Lafer.
39. *Leão Tolstói*, Máximo Gorki.
40. *Administração de Empresas: O Comportamento Humano*, Carlos Daniel Coradi.
41. *O Direito da Criança ao Respeito*, Janusz Korczak.
42. *O Mito*, K. K. Ruthven.
43. *O Direito Internacional no Pensamento Judaico*, Prosper Weill.
44. *Diário do Gueto*, Janusz Korczak.
45. *Educação, Teatro e Matemática Medievais*, Luiz Jean Lauand.
46. *Expressionismo*, R. S. Furness.
47. *O Xadrez na Idade Média*, Luiz Jean Lauand.
48. *A Dança do Sozinho*, Armindo Trevisan.
49. *O Schabat*, Abraham Joshua Heschel.
50. *O Homem no Universo*, Frithjof Schuon.
51. *Quatro Leituras Talmúdicas*, Emmanuel Levinas.
52. *Yossel Rakover Dirige-se a Deus*, Zvi Kolitz.
53. *Sobre a Construção do Sentido*, Ricardo Timm de Souza.

54. *Circularidade da Ilusão*, Affonso Ávila.
55. *A Paz Perpétua*, J. Guinsburg (org).
56. *A "Batedora" de Lacan*, Maria Pierrakos.
57. *Quem Foi Janusz Korczak?*, Joseph Arnon.
58. *O Segredo Guardado: Maimônides – Averróis*, Ili Gorlizki.
59. *Vincent Van Gogh*, Jorge Coli.
60. *Brasileza*, Patrick Corneau.
61. *Nefelomancias: Ensaios sobre as Artes dos Romantismos*, Ricardo Marques de Azevedo.
62. *Os Nomes do Ódio*, Roberto Romano.
63. *Kafka: A Justiça, O Veredicto e a Colônia Penal*, Ricardo Timm de Souza.
64. *O Culto Moderno dos Monumentos: A Sua Essência e a Sua Origem*, Alois Riegl.
65. *Giorgio Strehler: A Cena Viva*, Myriam Tanant.

Este livro foi impresso na cidade de Cotia,
nas oficinas da MetaBrasil, em 2018,
para a Editora Perspectiva